組合役員に知ってほしい政治の話

森田　亜希人
MORITA　Akito

はじめに

　2020年、新型コロナウイルスの世界的な流行に伴い、日本でも大手企業を中心に多くの企業がテレワーク（在宅勤務）や時短勤務などへ勤務形態を移行させ、職場で働く私たちの日常は大きく変わることになりました。組合活動についても、これまで対面で行われていた執行委員会や評議員会等の会議がウェブ会議へ変わり、組合員の余暇を充実させるためのツアーイベント等のレクリエーション活動もその多くを中止せざるを得なくなりました。

　一方で、世間のニュースを見ると連日新型コロナウイルス感染者数が報じられ、感染拡大防止と経済の両立を図るために国民全員に対する特別定額給付金（一人あたり10万円）や、事業者が雇用を維持するための雇用調整助成金、持続化給付金など、働く人に直接関係する政策がとられたことから、政治が私たちの働き方や暮らしに大きな影響を与えることに気が付いた人も多いと思います。

　組合も政治活動を行っていますが、これまでの活動を振り返ってみると、選挙が近づくにつれ、組合員に組織内議員候補の氏名を覚えていただくような活動を多くの組織が行っています。

　活動のなかで執行部からの要請に対して、組合員はやらされ感を感じたり、何のことか分からず困惑する組合員もいるような状況でした。そのため組合の政治活動は執行部にとっても、その取り組みに苦労する仕事の一つでした。また、組織内議員の活動内容自体はあまり周知されず、組織内議員の存在価値そのものがなかなか伝わっていない状況でもありました。

組合の政治活動で重要なことは、「なぜ組合が政治活動を行わなければならないのか」というシンプルな問いの答えを、組合員に広く理解・共感してもらうことだと思います。

　会社に対して働く人の立場から組合員の意見を伝えるのは日常の組合活動ですが、政治の世界となると一気に現実味がなくなります。

　交渉の相手が会社であろうと国であろうと「働く人」「生活者」「消費者」として声を挙げ、組合執行部あるいは組織内議員がそれを伝えていくという基本的なプロセスは同じなのですが、その過程がなかなか見えづらく、伝わらないが故に苦労が多いかもしれません。

　当議員事務所では、政策や法律に職場で働く組合員の声を反映していく「協創型質疑」という取り組みを進めています。組合員の声を組織内議員が代弁し、政府の答弁をフィードバックすることで、実際に国政との対話を組合員に体感していただく取り組みです。これにより、組合員の政治参画意識の向上へつながっていくものと考えています。

　本書では、議員秘書の視点から、普段なかなか知ることがない政治や国会の仕組みをお伝えするとともに、この協創型質疑の事例を通じて、自分たちの意見がどのように国政に届くのかについて紹介していきます。

　本書を手にとられた方が、少しでも政治が身近であることを感じていただければ幸いです。

2021 年 5 月 3 日

※本書の説明は、野党の衆議院議員の立場をもととしているため、与党や参議院の所属議員の活動とは若干異なっている場合があります。

目　次

第5章 さらに政治への関心を高めるために

第1章　なぜ組合が政治活動を行うのか

1.1　組合の政治活動の現状

■組合の政治活動とアンケート調査

「組合は○○○○候補を応援しているので、ご支援、ご協力をお願いします。」

特に、組織内候補を有する組合の執行部は、選挙が近づくと職場集会や広報紙などで組合員へのお願いに奔走します。一方で、組合員の反応を見ると「分かりました、協力します」「組合が言うのなら仕方ないですね」「何で組合に言われないといけないの、誰を支持するかなんて個人の自由でしょう」「何のことですか」とさまざまです。

日立システムズ労働組合においても、上部団体の方針に基づいた政策・制度対策として政治活動に取り組んでいます。具体的には、主に次のような活動を行っています。

- メールマガジンやホームページ、機関紙による組織内議員の活動紹介
- 会議やセミナーにおける組織内議員からの国政報告
- 組織内候補への支援活動として、支持者カードなどの記入による紹介者拡大
- ポスティングボランティアなどの支援
- 組合役員へ政策研修や教育の実施

2021年春に、組合における政治活動の浸透度合いを把握するために、毎年行っている全体調査のなかで、組織内議員の認

知度について調査を行いました。

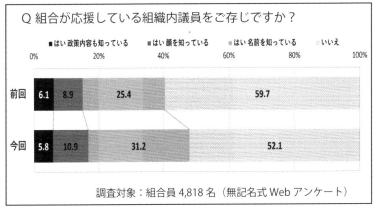

図 1.1 全体調査アンケート結果

　今回の調査結果では、全体でみると組織内議員を「知らない」が 52.1％と最も多く、次いで「名前を知っている」が 31.2％、「政策内容は知らないが、顔を知っている」が 10.9％、「政策内容も知っている」が 5.8％ となりました。

　昨年も同様の調査を行いましたが、注目すべきは「政策内容は知らないが顔を知っている」「名前を知っている」が前回から増加しており、組織内議員の認知度がやや高まっていると言えることです。

　ここ数年、新たに取り組んでいる活動としては、後に紹介する協創型質疑を通じた意見提言とその結果のフィードバックが挙げられます。

　自分たちの仕事に直接関係する国の政策や法律について、組合員が職場で感じている問題意識や課題を、組織内議員を通じ

て国政へ伝え、その結果を機関紙にまとめて、オルグなどで職場の組合員へ展開しました。また、政策・制度課題の改善活動を担う組織専門委員に、研修としてポスティングボランティアを体験していただくことなども行いました。こういった活動の成果が、少しずつですが表れ始めたのかもしれません。これらの活動で言えることは、自分事として実際に関わることで政治活動への理解が進んだのではないかということです。

　しかしながら、アンケート結果は依然厳しい結果です。そもそも政治活動とは何なのか、なぜ議員を送り出す必要があるのか、政治活動の必要性を感じていない組合員が多いのが現実です。

■そもそも政治に興味を持っていない

　アンケート調査の結果や日常活動で寄せられる意見から、政治へ関心のない組合員が多いことも分かっています。

　私自身、職場で働いているときに政治に興味があったかというと、決してそんなことはありませんでした。

　社会人になってからテレビやネットで政治・経済のニュースこそ見るようにはなりましたが、普段考えていることと言えば、その日の仕事のことだったり、休みの日は趣味に没頭したりして、平々凡々に生きていました。たまにテレビで政治のニュースが流れているのを見ても、「また野党が文句を言っているな」程度の感覚しかありませんでした。当時、組合から組織内議員の活動報告などが送られてくることもありましたが、これまたサッと読み流していました。（当時の組合執行部の方、申し訳ありません。）

　このように、よほど政治に興味がある人でないと、忙しい日常のなかでは、政治に関心を持つ機会がそもそも少ないと思い

ます。組合活動も政治も「自分たちには関係ない」とか「どこかで誰かがやっているもの」と思われている組合員が多いかもしれません。

1.2　国政に意見が届くことを組合員は知らない

■困ったとき誰に相談しますか？

　皆さんは生活しているなかで困ったことがあるとき、誰に相談しますか。

　何かを調べるときは Google 先生に（最近は Twitter などでも）、家庭の心配事なら両親や家族に、会社のことであれば上司や同僚、組合に相談すると思います。法的な問題であれば、弁護士も選択肢に入るでしょう。

　ところが、国の政策、法律のことで困ったことがあったとき、急にどこに相談してよいか分からなくなります。

　例えば、新型コロナウイルス感染拡大防止対策で、飲食店などに課された時短営業要請に対する協力金は一律で 1 日 4 万円でしたが、事業規模によっては到底足りない事業者も多くありました。この政策についての意見や要望は、一体誰に相談すればよいのでしょうか。

　結論から言うと、国の政策や法律をつくっているのは国会議員ですから、彼ら彼女らに頼むしかないのですが、組合に組織内議員がいる場合は、組合に相談していただければ、議員を通じて自分たちの意見・要望を国に伝えることができます。

　ただ、その仕組みを知らない組合員が意外と多いです。また、政策や法律がどのようにつくられているかを知ろうとすると、中

学の公民の教科書を開くところまで遡ることになってしまいます。

1.3　組合が政治参画する理由(ワケ)

■政治活動は組織力の点検か？

　組合の政治活動の必要性について、ある他労組と集まる機会で「組合が政治活動を行う理由は、組織強化の一環であり、組織の強度を確認できるから」という話を聞いたことがあります。

　組織論的に考えると、執行部の要請で多くの組合員が団結して協力すれば、その数は大きな力となり、組織として強い状態であることは安易に想像できますが、組織力を問われるのはあくまでも結果であって、現実はそう甘くありません。

　組合員の価値観や考え方は多様化しており、全員の考えを一つにまとめることは難しいかもしれません。どの政党を支持するか、誰を応援するかなどは基本的には自由です。しかし、同じ職場で働く仲間としてお互いに共感できる課題は多くあると思います。その課題を軸として、労働組合としてまとまった行動をとることができれば、政治についても解決に向けて道が開かれるはずです。

■企業内だけでは解決できない問題が多くなっている

　では、なぜ労働組合が政治に関わるようになったのでしょうか。

　かつて日本が企業社会と呼ばれ、名の知れた大企業に入社すれば、その企業が自分や家族の生活を一生面倒見てくれる、さらには企業のある地域の発展も、その企業の繁栄次第だと思わ

れている時代がありました。ところが、現にコロナ禍で人の流れが抑制され、飲食業界をはじめ、観光（旅行）業界や運輸業界の企業では、顧客の大幅な減少により売上が大きく減少し、企業の存在自体が危ぶまれる事態となりました。

　こうしたときに企業の存続や雇用を維持するために、国から助成金の投入や税制措置、GoToトラベルなど、さまざまな政策が行われました。

　これらはあくまでも一例ですが、現在の日本の社会システムでは、企業が自分でカバーできないことが起こったとき、その都度政治に対応を求めざるを得ない状況になっています。

　そして日本の労働組合の多くは企業内組合です。労働組合は企業のなかで働く私たちが、安心して豊かな暮らしを送るために、賃金や一時金の交渉だけではなく、仕事と家庭の両立支援や子ども・子育て支援などの諸施策、年金や医療・介護といった社会保障などの社会全体にかかわる課題にも取り組んでいく必要があります。

　しかしながら、一企業労使で解決することには限りがあるため、やはり国による政策的支援を、働く人の立場からも求めていくしかないのです。

第2章　政治を知る

2.1　そもそも「政治」とは何か

　政治を知るために、まずは「政治」という言葉をデジタル大辞泉で調べてみました。

　　1　主権者が、領土・人民を治めること。まつりごと。
　　2　ある社会の対立や利害を調整して社会全体を統合する
　　　とともに、社会の意思決定を行い、これを実現する作用

「まつりごと」とか言われてもよく分からないですし、言葉の意味から理解するのは難しいです。なかには「政治」という言葉を聞いただけで、アレルギー反応を起こされる方も少なくないのではないでしょうか。
　テレビで政治ニュースを見ても、政治家同士が喧嘩をしていたり、スキャンダルが面白おかしく取り上げられたりしています。政治は「自分たちに関係ない」とか「どこかで誰かがやっているもの」と思われている方が多いかもしれませんが、実はそうではないのです。
　国民民主党の玉木雄一郎衆議院議員が、YouTube チャンネルで「政治とは何か」について分かりやすく例えているので、紹介します。

　例えば 100 人の村があったとします。村にはおじいちゃん、おばあちゃん、お父さん、お母さん、若い人、男の人、女の人

いろいろな人がいます。

　こういう村があると当然この人たちを食べさせていく食料が必要になります。食料が必要になると狩りをしなければならないので、例えばマンモスがいてこれを仕留めに行きます。そうすると一人ではとても倒せませんので、みんなでマンモスを倒しに行きます。

　倒したらこれをみんなで分け合って食べるということになります。みんなで力を合わせてマンモスを倒してその肉を食べる。ここに政治の重要な要素が2つ入っています。

　1つは、一人でできないことをみんなで行うということ。これが実は政治の大きな要素の一つです。2つ目は獲ったマンモスをみんなで食べる、つまり分配することも政治の大きな要素です。

　そこで、みんなで倒して食べようと思ったのですが、ある時、事件が起きます。

　マンモスを倒した人が「俺がとどめを刺したんだから、取り分のほとんどを俺によこせ」と言って、たった一人が独占するようになりました。99人が残りの少ない部分をみんなで分け合って食べることになりました。こういうことをやり始めたら、どう思うでしょうか。特に99人の人たちは不満を感じますよね。

　そのときに、いやそれはおかしいよと、みんなで獲ったんだからもっときちんと分配してよということで、そこには一定のルールが必要になってくるわけです。

　このルールをどうやって定めていくのか。みんなでこのルールを決めようというところに、今も私たちが当たり前のように思っている民主主義の根本の考え方が出てくるわけです。

　つまり政治とは、①一人でできないことをみんなで行うとい

うこと。そしてみんなで行うがゆえに、獲ったものをどうやって分け与えるのか、②ルールを定めていくことなのです。

2.2　マンモスの肉は国のお財布、ルールは政策・法律

　この話を日本の社会に置き換えてみると、みんなで獲ったマンモスの肉を「国のお財布」、一定のルールをやっていいこと、ダメなこと、やるべきことといった「政策」や「法律」と考えることができます。

　いくら働いても仕事が終わらない、老後が不安、奨学金も返さないといけないけれど仕事がない、保育所に入れなくて働けない、親の介護が不安、収入が少なくて子育てが大変、あそこに横断歩道があればなど、身近に感じるこのような悩みは一人で解決するのが難しいことであり、みんなから集めたお金をみんなで決めたルールに則って使っていく必要があります。

　では、このお金の使い方やルールはどのように決めるのが良いでしょうか。少人数であれば、集まって話し合いで決めれば良いかもしれません。ところが、人数が多くなるにつれて話がまとまらなくなります。

　そこで民主主義の原則に従って、多数決によって決めることにします。しかしながら、日本人1億2千万人が1つの会議室に入って多数決をとることは現実的でないので、我が国では選挙によって選ばれた代表者、つまり国会議員が国会でそれらを決めているのです。

　組合でも職場委員や代議員など、職場の代表者が集まって決めていますね。

2.3　給与明細のなかに政治はある

　ここまで読み進めていただいて、まだ政治にピンときていない方は、一度ご自身の給与明細を見ながら少し考えてみてください。

コード	1234		給与支給明細書			○○株式会社
氏名	○○ △△		令和3年4月分			

勤怠	出勤日数	欠勤日数	有給休暇	特別休暇	代休日数	
	22日	0日	0日	0日	0日	
	実働時間	残業時間	深夜残業時間	休日残業時間		
	155:00	9:00	0:00	0:00		

支給	基本給	職能給	残業手当	通勤手当	家族手当	総支給額
	344,000		25,000	5,000	10,000	384,000

控除	健康保険	介護保険	厚生年金	雇用保険	社会保険料計	
	15,000		25,000	6,000	46,000	
	所得税	住民税			税額合計	総控除額
	16,000	32,000			48,000	94,000

合計	総支給額	総控除額				差引支給額
	384,000	94,000				290,000

図 2.1　給与明細の例

　これはある人の給与明細ですが、この人の給与は基本給が34万4千円、諸々手当を加えると総支給額は38万4千円です。総支給額を見て「今月も稼いだな」と私も最初喜んだ記憶がありますが、実際に銀行口座に振り込まれる金額はこの金額にはなりません。明細には控除とありますが、総支給額からいろいろなものが引かれています。

　まずは「健康保険料」。これは病気になったときに健康保険

証を持っていれば、病院に行って３割負担で医療が受けられるといったものですが、病院に行かなくても、月々この保険料を払っています。

そして民間企業であれば将来、厚生年金を受け取れるので厚生年金保険料を２万５千円払っています。これは会社との折半になるので、実は会社も同額負担しています。

これらと雇用保険を合わせて、４万６千円が社会保険料として総支給額から引かれています。それぞれの料率については、法律で決められています。

恐ろしいことにまだ引かれています。次は税金です。

国に納める所得税、これは累進課税なので所得に応じて額は変わりますが、この人の場合は１万６千円。地方公共団体に納める住民税、これが意外と高いのですが、３万２千円。これらの引かれている額をすべて足し合わせると、９万４千円になります。

総支給額38万４千円のうち９万４千円は保険料と税金で引かれるので、手取りは29万円となります。毎月９万４千円引かれているということは、ボーナスを除いても一年間で110万円以上のお金を払っているのです。

特にサラリーマンは源泉徴収ですので、とりっぱくれのない超優良納税者です。これに加えて、何か買うと消費税、自動車を持っている人は自動車重量税やガソリン税、酒税や相続税など、私たちの暮らしのなかではさまざまな形で税金を納めています。

サラリーマンの生涯年収は２億７千万円と言われていますが、税金と社会保険料の金額の割合を２割強とすれば、生涯で７千万円ほど払っていることになります。

私たちが支払っているこの保険料や税金こそが「マンモスの

肉」なわけですから、これらが自分たちのためにきちんと使われている、あるいは自分たちの将来のために使われているのか、しっかりと確認していく必要があります。でないと頑張って働いても報われないわけです。

　この総支給額と手取り額の差こそ、政治です。その差が納得できる差なのかどうか、これを考えていくことが政治を考えることの一つなのです。

2.4　100 兆円のお金の使い道を決める

　私たちが支払っているお金が国のお財布に入ることは分かりました。では 2021 年度、国のお財布には一体いくらのお金があるかご存じでしょうか。

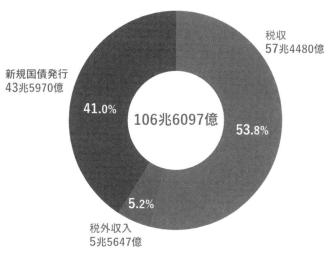

税収
57兆4480億

新規国債発行
43兆5970億

41.0%

106兆6097億

53.8%

5.2%

税外収入
5兆5647億

図 2.2　日本の歳入（2021 年度一般会計）

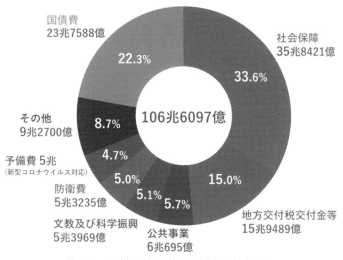

国債費
23兆7588億

国債費
23兆7588億
22.3%

社会保障
35兆8421億
33.6%

106兆6097億

その他
9兆2700億
8.7%

予備費 5兆
(新型コロナウイルス対応)
4.7%

防衛費
5兆3235億
5.0%

文教及び科学振興
5兆3969億
5.1%

公共事業
6兆695億
5.7%

地方交付税交付金等
15兆9489億
15.0%

図 2.3　日本の歳出（2021 年度一般会計）

　正解は約 106 兆円です。この国のお財布から国民のために
お金をどのように使っていくかを決めるのが政治であり、国会
でさまざまな政策や法律が議論されています。
　国のお財布の収入を「歳入」と言いますが、約 60％は所得
税や法人税、消費税など私たちが支払っているお金になります。
残りの約 40％は国債になっています。
　一方、国のお財布の支出を「歳出」と言いますが、一番多く
使われているのが、医療・年金・介護などのために使われる「社
会保障」です。
　日本の社会保障制度は基本的に保険料によって成り立ってい
ますが、足りない部分を国のお財布の約 34％を使って補って
います。超高齢社会のなか、ここ 30 年で約 3 倍に膨れ上がっ

ていて、社会保障の給付と負担が経済の伸びを上回ることが懸念されています。

　第204回国会で政府が提出した「健康保険法等の一部を改正する法律案」においても、後期高齢者医療の被保険者のうち、一定所得（年収200万円）以上ある人の窓口負担割合を2割にするなど、足りない財源について負担の見直しが図られています。

　次に多いのが、「地方交付税交付金」です。地方自治体（都道府県、市区町村）は、私たちの日常生活に直接関わる警察や消防・ごみ処理の費用・生活保護などの公共サービスを提供していますが、その財源は、先ほど給与明細にもあった住民税などの地方税で賄われています。

　地方税がたくさん入ってくるような、例えば都会の自治体では、税金だけで十分な歳入を確保できますが、税収が少ないところ、例えば過疎が進んでいる自治体だと、税収だけでは自治体の運営が困難です。そこで地方自治体の財政格差を小さくするために、国がお金を支給しています。ちなみに使い道は自治体が決めるので、国が指定することはできません。

　次が、「公共事業」です。これは道路や港湾、住宅や下水道、公園、河川の堤防やダムなど、社会経済活動や国民生活、国土保全の基盤となる施設の整備に使われています。

　経年劣化による道路等の改修をはじめ、近年は地震や豪雨等の災害が増えており、津波や治水対策も講じていかなくてはなりません。また、2050年カーボンニュートラル達成に向けて住宅の電化等、環境への配慮も必要になっていきます。

　次が「文教及び科学振興」です。これは教育や科学技術の発展のために使われます。内訳は公立小・中学校の教員の給与、

教科書の配布や国立大学法人・私立学校の援助、公立の小・中・高等学校の校舎改築などで、この予算によって学校の教育が運営されています。また、科学技術振興はライフサイエンスをはじめとする基礎研究のほか、宇宙開発、海洋開発、コンピュータなど情報通信（IT）の研究開発等の推進に使われています。科学技術に力を入れることは、日本の産業競争力を強化するだけでなく、国際的な取り組みに貢献する重要な意味があります。

　最後に、2021年度予算には新型コロナウイルス対応のため、予備費として5兆円が割り当てられました。政府の2020年度の第2次補正予算、第3次補正予算と合わせて予算措置が取られていますが、私たちが本当に必要としている対策が果たして十分にとられているでしょうか。

　このように国のお財布事情から、日本が今何をしているのか、どういう国になろうとしているのか読み取ることができます。

　これらを実現していく政策のもとになっているのは、私たちが支払っているお金ですから、何に使われているのかをきちんとチェックして、今後どう使っていくべきなのか、議論に参画していく必要があります。

　それゆえ「政治」はたとえ関心がなくても、実は私たちに密接に関係している話なのです。

2.5　お金の使い方で生活や未来が変わる

　国のお金の使い方をチェックすることは非常に重要です。なぜならお金の使われ方によって、私たちの生活や将来の姿が変わるからです。日本の政治を知るためには、世界の現状を知る

ことが重要です。国際比較するために一般政府の機能別最終消費支出を凡例に、各国のお金の使い方を見ていきましょう。

日本の歳出割合（2019 年）

　最終消費支出で見ても、日本は社会福祉に多くの予算が割り当てられている（42％）ことが分かります。

　超高齢社会のなかで、世界に先駆けてその取り組みに注目が集まっている一方で、若者施策と呼ばれる教育については 8 ％に留まっています。若い人たちにもっと未来を背負ってほしいと本気で思うなら、このような割合にはならないはずです。

　また、教育のなかには基礎研究などに関わるお金も含まれますが、技術大国と言われるわりには、割り当てが少ない印象です。日本発の技術やイノベーションが起こりにくい一因になっているのではないでしょうか。

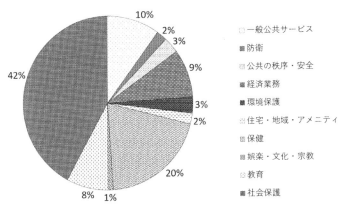

図 2.4　日本の歳出内訳

米国の歳出割合（2018年）

　米国の支出は、防衛に対する支出が多い（8％）のが特徴的です。戦闘機の購入やNASAの宇宙開発や宇宙探査システムに関連する予算もここに入っています。また、この年は環境保護に支出される予算が少なく（0％）、地球温暖化問題や環境保護に関心がないトランプ政権らしさが表れています。社会保護（20％）には、65歳以上の高齢者や障害を持つ人、透析や移植を必要とする重度の腎臓障害を持つ人を対象としたメディケアや、低所得者向けの医療保険制度であるメディケイドが含まれています。

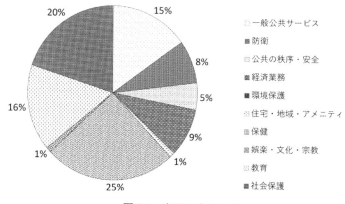

図2.5　米国の歳出内訳

中国の歳出割合（2018年）

　中国は経済政策へ多くのお金を使っています（23％）。これまでの安価で豊富な労働力を基盤とする労働集約型の産業から新たな経済成長の原動力となるより高度な産業を育成することを国家の戦略目標におき、「中国製造２０２５」を打ち出して、

関連産業に対する金融支援や、基盤技術の向上支援などの施策を推進しています。

　名目 GDP は 2010 年に日本を抜いて世界第 2 位となり、その後 10 年間で 3 倍に伸びています。また、教育・研究への投資（12%）も盛んで、外国の研究者が中国へ流れているかもしれません。事実、中国の特許出願数はこの 10 年で激増していますので、将来ノーベル賞を独占する日が近いかもしれません。

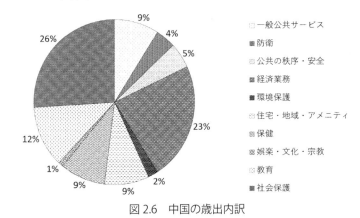

図 2.6　中国の歳出内訳

デンマークの歳出割合（2019 年）

　社会保障が充実しているといわれる北欧のデンマークでは、社会保護（44%）と教育（13%）に多くのお金が使われています。

　教育費や医療費は無料で、大学生には毎月 8 万円の生活費も支給されています。また、失業しても最大で前職の給料の 9 割が保証されています。財源となる消費税は 25% と破格ですが、納税者へのリターンが日常生活のなかで実感しやすいので、税金が高いか低いかというよりは、富の分配がうまくされている

かという点に国民の意識が向いています。そのため、自分たち
が支払ったものがどのように活用されているかについてはとて
も関心を持っており、国政選挙では投票率が8割を下回ったこ
とがないようです。

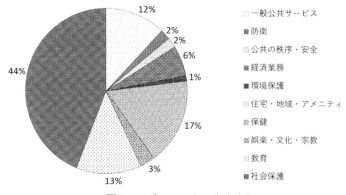

図 2.7　デンマークの歳出内訳

　このように世界各国を見ても、国によってお金の使い方はさ
まざまですが、それを決めているのは政治です。
　したがって、国のお金の使い方を考えることは、政治を考える
こと、つまり私たちの現在や未来を考えることにつながります。
　また、国会でお金の使い方やルールを決めているのは国会議
員です。その国会議員を選んでいるのは私たちであり、何より
も私たちが支払っているお金が使われているのですから、関心
がないでは済まないのです。私たち個々人も責任をもって、政
治を知っていく必要があります。
　では、このような政治はどこで、どのような仕組みで動いて
いるのでしょうか。

第3章　国会の仕組みと働きを知る

　皆さんは「国会」と聞いて何を想像されるでしょうか。ここからは知っているようで知らない国会について紹介していきます。

①

②

③

3.1 国会議事堂と議員会館

■国会議事堂の内部は

　国会議事堂は、1920年（大正9年）1月に着工し、延べ254万人もの人たちによって17年の歳月をかけ、1936年（昭和11年）11月に完成しました。当時は日本一の高さ（65.45m）を誇り、内装には国産の大理石がふんだんに使われ、総工費は当時で2,570万円（現在の900億円相当）にもなりました。

　皆さんが思い浮かべる①の写真は「本館」と呼ばれていて、正面から見て左側が衆議院、右側が参議院です。同じ敷地内に「分館」と「別館」、離れたところに「第二別館」があります。

　国会議事堂の内部はどうなっているかというと、衆議院、参議院でそれぞれ本会議場や委員会室といった会議室やさまざまな部屋があります。委員会室は本館だけでは足りないので、分館にもいくつかあります。

　本館の他の部屋は各会派に割り当てられていて、各政党が使います。部屋の入口に「○○党国会対策委員会」「○○会」などの看板が掛けられています。これらの部屋は、各政党の議席数に比例して配分されますので、選挙で議席を減らすと、再配分されます。その他、両院の議長の部屋や、速記をする記録部、会議の議事進行を支える委員部などの事務局が入っています。これらは、本館だけでなく別館、分館などにも入っています。南側の道路を隔てたところには「国会記者会館」があり、マスコミ（記者クラブ）が入っています。

　議事堂内には、食堂もいくつかあります。本館2階の議員食堂（通称：議食）で一番人気のカツカレー（こちらは王道のビー

フカレー）は本当に美味しいですが、分館1階にある喫茶あか
ねのカレー（こちらはインド風）も絶品です。衆議院第一議員
会館1階にあるのは喫茶マリーベル、こちらにもカレーがあり
ます。

　カレーだけではありません。穴場のスポットは敷地内にある
吉野家。この吉野家はただの吉野家ではありません。日本で3
カ所でしか食べることのできない特別メニュー「牛重」を食べ
ることができるのです。ここで食事をするには通行証が必要に
なるので、ふらっと立ち入ることはできませんが、国会見学と
合わせて利用できますので、ご興味がある方はお越しください。

　なお、国会議事堂は一般参観も可能で、申し込めばいつでも
見学できますが、議員事務所経由で申し込むと特別参観が可能
となります。テレビ中継でお馴染みの第一委員室など、一般参
観では見学できないコースを見学できますので、議員事務所ま
でご連絡いただければと思います。

■国会議員の仕事場は議員会館

　普段、国会議員が仕事を行うのは、国会議事堂裏側の道路を
隔てたところにある「議員会館」です。衆議院に2つ、参議院
に1つあり、国会議事堂やそれぞれの会館同士は地下通路でつ
ながっています。中にはコンビニや喫茶店、床屋、ジムなどが
入っており、議員のみならず秘書や来館者も利用可能です。

　ただ、傾斜地に建てられているため、国会議事堂側の入口は
1階、反対の溜池山王側の入口は地下4階になっています。衆
議院第一議員会館と第二議員会館は地下4階で連絡しています
が、参議院議員会館とは地下1階でしかつながっていないなど、

慣れるまでは迷います。ちなみに、東京メトロ千代田線、丸の内線は地下1階から「国会議事堂前」駅、南北線、銀座線は地下4階から「溜池山王」駅に接続しています。

図3.1　手前から衆議院第一、第二、参議院議員会館

図3.2　議員会館（山王坂より、地下4階の方）

3.2　国会の仕組み

■国会の種類

　一言に国会といっても開かれるタイミングや内容によって3種類に分かれています。この違いを押さえておくと、テレビや新聞などで国会のニュースに触れるときに、何が行われているか理解しやすくなります。

　また、国会には第○○回国会と番号が振られていますが、これは1947年（昭和22年）5月20日に召集された第1回国会からの通し番号です。

通常国会（常会）

　通常国会は、毎年1回必ず開かれる国会です。期間は1月から6月までの150日間です。この国会の主な議題は、次年度（その年の4月から）からのお金の使い方を決めることです。

　予算が決まらなかったり、法律が決まらなかった場合は、1回だけ延長することができます。

　国会会期中は、後で説明する本会議や委員会が昼間に多く開かれるので、政党の部会や調査会といった他の会議が朝8時から開かれることが多くなります。会議の準備（資料配布や座席レイアウトの変更）のために7時30分には議員会館に行かないといけないので、朝が弱い秘書にとっては厳しい150日となります。ただ、議員会館内のコンビニも会期中は早めに開くので、朝一に飲むコーヒーが五臓六腑にしみわたります。

臨時国会（臨時会）

　臨時国会はその名のとおり、緊急に法案を審議しなければならないときや、災害対策などの緊急事態への対応によって成立した予算を修正するときに開かれます。

　臨時国会は内閣が必要とするか、衆・参議院いずれかの総議員の4分の1以上が要求した場合に開かなければならないことになっています。臨時といえども、ほぼ毎年開かれていて、朝が弱い秘書にとっては厳しい期間となります。

特別国会（特別会）

　特別国会は、衆議院の解散総選挙の後、30日以内に開かれる特別な国会です。議題は内閣総理大臣の指名です。ちなみに、衆議院と参議院で総理大臣として異なる国会議員が指名された場合は、衆議院で指名された議員が総理大臣となります。

■衆議院と参議院

　国会は「衆議院」と「参議院」で構成されています。これを二院制といいます。それぞれの議院は独立して意思決定を行い、両議院の意思が一致することによって国会の意思が成立します。定数や任期、選挙方法などに違いはありますが、二院制の利点として、国民の間の多様な意見と利益をできるだけ広く反映させることができること、慎重に審議できること、一方の行き過ぎを抑制し、不十分なところを補うことができることなどが挙げられています。

　ちなみに、参議院は戦前の国会（帝国議会）では貴族院であり、もともと皇族や華族で構成されていました。そのため、参議院

の本会議場には天皇陛下の特別席があり、国会の開会式はここ
で行われます。その流れかどうか定かではありませんが、参議
院議員会館は衆議院議員会館に比べて館内は落ち着いた照明と
なっていて、壁も木目調でオシャレな雰囲気を醸しています。
エレベータには椅子も設置されていますし、会議室には Wi-Fi
も飛んでいます。誤解がないように言っておくと、衆議院の議
員会館も 2021 年 4 月から Wi-Fi が飛んでいます。

衆議院	定　数	参議院
465人	定　数	245人
4年 ※解散の場合は期間満了前に終了	任　期	6年 ※3年ごとに半分が交代
あり	解　散	なし
18歳以上	選挙権	18歳以上
満25歳以上	被選挙権	満30歳以上
総選挙 小選挙区比例代表並立制	選挙	通常選挙 選挙区制と比例代表制
普通	議員会館	少し豪華

図 3.3　衆議院と参議院の違い（2021 年 4 月現在）

■「政党」と「会派」って何が違うの？

　院内会派や統一会派など、国会のニュースでは「会派」とい
う言葉が出てきますが、ちょっとよく分かりません。

　政治といえば、政党のイメージがあるのですが、どう違うの

でしょうか。国会を運営する上で、この会派について理解しておくと、より政治が見えてくるようになります。

　会派の説明をする前に、まずは政党について説明します。

　政党といえば、「自由民主党」「公明党」「立憲民主党」「日本維新の会」「国民民主党」「日本共産党」などがありますが、これは政策に対する考え方が同じ、または近い議員の集まりです。ただ、政党に所属するのは国会議員だけでなく、全国の地方自治体議員や党員、サポーターも含まれます。

　政党として認められるためには条件があり、国会議員が５人以上、または直近の衆院選か参院選で２％以上の得票が必要です。このいずれかの条件を満たせば、政党として認められて、選挙の際に比例区に候補者を立てられたり、政党交付金を受け取ることができるようになります。

　一方、会派は、国会内で活動を共にしようとする議員の集まりで、２人以上の国会議員が「結成する！」と言えばつくることができます。通常は同じ政党に属する議員は同じ会派に所属しますが、国会では会派に所属していないと、委員会に所属できなかったり、質問の時間すら与えてもらえません。ですから議員はどこかの会派に所属して国会運営に関わっていくのが一般的です。

　また、国会法により、会派に所属する議員の数によって、どの委員会に所属できるか、委員会に参加できる人数、質問時間の配分、委員会の運営を担う委員長や理事などの役職が決まりますので、議員が少ない政党の場合は無所属の議員を取り込んで、より大きな会派になろうとします。

　国会では、民主主義の原則で多数決により物事が決まります

ので、所属する議員の多い会派の方が有利になります。とはいえ多数派が少数派や個人の権利と自由を取り上げてはいけませんので、与党側も国会の議論で野党の質問にまともに答えないようなことがあってはいけませんが。

会派名	会派略称	所属議員数
自由民主党・無所属の会	自民	278
立憲民主党・無所属	立民	113
公明党	公明	29
日本共産党	共産	12
日本維新の会・無所属の会	維新	11
国民民主党・無所属クラブ	国民	10
無所属	無	10
欠員		2
計		465

図 3.4　衆議院会派名及び会派別所属議員数（2021 年 4 月現在）

会派名	会派略称	所属議員数
自由民主党・国民の声	自民	113
立憲民主・社民	立憲	43
公明党	公明	28
日本維新の会	維新	16
国民民主党・新緑風会	民主	15
日本共産党	共産	13
沖縄の風	沖縄	2
れいわ新選組	れ新	2
碧水会	碧水	2
みんなの党	みん	2
無所属	無所属	7
欠員		2
計		245

図 3.5　参議院会派名及び会派別所属議員数（2021 年 4 月現在）

3.3 どんな会議が開かれているの？

■本会議と委員会

国会で会期中に開かれる会議は「本会議」と「委員会」です。②の写真は国会議事堂内の議場ですが、ここで行われる本会議はどちらかというと最後に多数決をとる場であり、法案などの細かな審議は、事前に③の写真の委員会で行われています。

なぜなら一つ一つの議案を議員全員で議論するのは非効率なので、委員会にそれぞれ専門の議員を割り当てて、代表者たちが集まって話し合う方がまとまりやすいからです。

ということは、実は国会での審議は、事前の委員会で「これでOK！」となった段階でほぼ決定しています。そのため、後に紹介する協創型質疑で、職場の組合員から寄せられた意見・要望をぶつけるのは、ほぼ委員会がメインとなります。

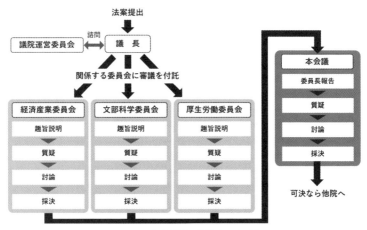

図3.6　本会議と委員会の関係

　委員会は現在、衆議院と参議院にそれぞれ 17 の「常任委員会」と「特別委員会」が設置されています。常任委員会は、ほぼ各省庁に対応した委員会で、それぞれの分野に関係する政策や法案を審議します。

図 3.7　常任委員会と特別委員会（2021 年 4 月時点）

■会議をスムーズに進めるための国対と議運

　本会議や委員会で取り扱う議案は、法案だけでも年間100本から150本ありますので、限られた会期のなかで審議をスムーズに進めるためには、与野党間で水面下の調整が不可欠です。

　これを担っているのが各政党の国会対策委員会、通称「国対」です。どの法案を審議するのか、審議の順序をどうするかなど、そのときの情勢を見ながら戦略的に調整が行われています。

　議院運営委員会（通称：議運）は常任委員会の一つで、国対の調整を踏まえて、国会のコントロールを司る格式の高い委員会です。

　本会議当日の議事の順序、発言者、発言時間、採決の方法なども決めています。本会議の前には必ず議運が開かれ、委員は必ず出席しなければなりません。

　本会議中に、たまに議長の後ろに理事が集まって話をしていることがありますが、発言時間を30秒オーバーしたとか、架かってきた電話に出ちゃった議員がいるとか細かくチェックしています。

　新型コロナウイルス対策における緊急事態宣言やまん延防止等重点措置の発令は国会に報告することになっていますが、政府から報告を受けるのは、この議院運営委員会であることから、本会議に次ぐ委員会として位置づけられていることが分かります。

■質問通告と答弁作成

　各委員会では、大臣と議員の間で質疑応答のやり取りが一問一答形式で行われます（本会議の場合は一括質問一括答弁方式

になります）。

　実はこの委員会での質問と答弁は、委員会が始まるまでに準備されています。

　答弁作成までの流れを説明すると、まず質問する議員が、予め質問の内容を委員部（委員会の運営事務局）へ伝えます。これを「質問通告」と言います。

　通告を受けた委員部は、質問内容を所管省庁の職員に連絡し、担当する省庁の官僚が答弁を作成します。その後、議員と官僚間で、質問の内容や意図を確認し、どのような答弁が必要か、答弁する人を誰にするかなどを決めるためにレクを行い、しっかり中身のある質疑応答ができあがります。

　これとは別に官僚は当日関連する質問が来た場合のために、想定問答も作成しています。また、答弁者が大臣や副大臣になる場合は、委員会が開かれるまでに作成した答弁の内容を説明して伝えています。

　こうして事前に質疑応答が作成されるのですが、最初のトリガーとなる質問通告が遅いことが、委員部や官僚の残業時間増大の温床になっていると問題になりました。というのも、締め切りぎりぎりまで質問を通告しないことが、政府に時間的精神的な余裕を与えない野党の戦略として慣例的に行われることがあったからです。質問通告が委員会前日の夜や当日明け方となっては、準備が間に合いませんし、各省庁の終業は18時ですから、質問される可能性がある省庁の官僚は待ち続けてしまうことになります。

　これはおかしいと、委員会が開かれる2日前までには通告するようになりました。国会改革への第一歩！

また、事前打合せのレクについても、これまでは官僚が議員会館まで足を運んで行われていましたが、新型コロナ感染防止と移動時間削減の観点から、オンライン会議が行われるようになりました。国会改革への第二歩！

　官僚に聞いたところ、省庁がある霞が関と議員会館がある永田町を往復すると、１件当たり１時間程度かかり、これまではレクの度に１日に何度も行ったり来たりしているとのことでした。

　オンラインでレクが行われるようになった当初は、オンラインで対応できる議員と対応できない議員が混在していて、当議員事務所からオンラインでお願いしたい旨を伝えると、「今、議員会館に来ているのですが、オンライン設備が省庁にあるので、戻ってからオンラインになります」と言われたことがあります。

　体感ですが、永田町は民間と大体１年くらいのギャップがあります。

■質問の持ち時間

　本会議や委員会での質問時間は会派ごとに割り当てられます。所属する議員が多い会派ほど、長い質問時間がもらえるのが通例です。

　議員は割り当てられた質問時間を守って質疑を行う必要がありますが、衆議院と参議院で時間の考え方が異なっています。

　例えば、質問を割り当てられた時間が 30 分だとすると、衆議院の場合は、議員が質問（発言）している時間と政府が答弁している時間の合計時間が 30 分までとなります。そのため、限られた時間内で有用な答弁を引き出すためには、質問の数や文章をできるだけ簡潔にしながら、しっかりと内容が伝わるよ

うに準備しておく必要があります。たまに政府がわざと長い答弁をして質問をさせないようにしてくることがありますが、あまりにひどいと委員長に注意されます。

　一方、参議院の場合は、議員が質問（発言）している時間だけがカウントされて、その合計時間が30分までとなります。そのため、短い質問をできるだけ多く入れる傾向があり、政府は答弁に時間がかかると委員会の終了時間が遅くなるので、早く答弁しがちになります。

　持ち時間を超えると、委員長や委員会の理事と呼ばれる議員（委員会を仕切る人）が出てきて大変なことになります。

3.4　法律ができるまで

　国のお財布からお金を使うには一定のルールが必要であり、そのルールの一つが法律です。それでは国会で法律がどのようにつくられ、私たちの意見がどのように反映されていくのか流れを見ていきましょう。

■法案成立までの流れ

　法律のもととなる法案は、まず衆議院か参議院の「議長」に提出されます。法案を提出できるのは国会議員か内閣（政府）です。内閣が提出する法案が8割くらいですが、そのほとんどは各省庁の官僚が作成したものです。

　議長に提出された法案は、前述のとおり省庁に対応した委員会に送られます。委員会では、まず法案提出者から法案提出の趣旨や概要が説明され、各会派の委員による質疑応答が行われ

て、議論が進んでいきます。ときには専門家を呼んでヒアリングを行ったりすることもあります。

　委員会の審議と並行して、各政党の部会（会議）も開かれ、法案に対して政府から改めて内容の説明を受けたり、質疑応答を行ったりします。ここで、さまざまな実態調査を行い、出席議員同士で議論し、法案に対する課題や要望を伝えながら、法案をより良いものに仕上げていきます。組合からの意見が寄せられていた場合は、ここで伝えることもできます。

　法案の修正に応じてもらえない場合は、対案を作成することもあります。会派として法案に賛成するか、反対するかもここで議論されます。

　また、法律の施行についての意見や希望を「附帯決議」として付け加えることができます。この附帯決議は、委員会の意志で決議され、法律を施行するときの政府の努力目標や留意事項になります。法的拘束力は有しませんが、この附帯決議をもとに法案が改正されたり、運用面で改善が図られることも多くあります。

　党内での議論や、委員会での審議を経て形となった法案は、本会議に送られて出席議員の過半数の賛成があれば可決されます。衆議院で可決した後は、参議院に送られて（参議院に提出の場合は参議院から衆議院）、同様に委員会での審議を経て、本会議で出席議員の過半数の賛成で可決されれば、正式に法律として成立し、天皇によって公布されます。

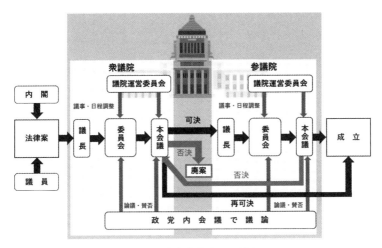

図 3.8　法案成立までの流れ

3.5　予算ができるまで

　国のお財布にあるお金をどのように使うのか。この予算を確定させることこそ、国会の最も重要な役割の一つになります。

■予算成立までの流れ

　予算の編成は、毎年6月頃に内閣が基本方針（「骨太の方針」と呼ばれます）を閣議決定することから始まります。この方針を受けて、財務省がそれぞれの省庁に予め予算要求額の上限を設定します。

　8月までに各省庁は、財務省に言われた上限額を意識しながら、翌年度に必要な額を財務省に要求します。

　9月から12月にかけて、財務省は各省庁から要求された額

と内閣の方針を照らし合わせながら査定を行い、財務省原案として内閣に提出します。ちなみに、各省庁からの概算要求を査定するのが財務省主計局です。

　12月下旬に財務省が提出した原案が内閣に提出され、閣議決定により当初予算案（政府原案）となります。

　1月から始まる通常国会では、内閣が当初予算案を衆議院に提出し、その後、予算委員会で審議が行われます。

　予算案については、広く国民の意見を聴く必要があるとされていることから、公聴会を開くことが義務付けられています。公聴会、委員会での審議が終わると、本会議で審議されます。

　衆議院で可決されると参議院へ回されますが、参議院が採決しない場合は30日後に自然成立となり、たとえ参議院で否決されたとしても、衆議院での判断が優先され、成立します。

■補正予算とは

　本予算とは別に、例えば東日本大震災のような想定外の大災害や、新型コロナウイルス感染拡大による財政措置、急激な景気の悪化などが起こった場合は、年度の途中で予算を修正しなければなりません。

　その時は国債を追加発行して歳出を増やすのが通例ですが、これを「補正予算」と呼びます。

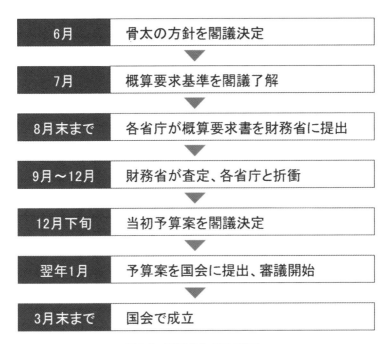

図3.9　予算成立までの流れ

第4章　組織内議員の役割を知る

組織内議員が国会のなかで、一体どのような活動しているのか、その一端を見てみましょう。

4.1　組織内議員とは

■なぜ労働組合が国会議員を送り出すのか？

組織内議員とは、労働組合や業界団体などを出身とする国会や地方議会の議員のことです。本書では国会議員を取り上げていますが、地方自治体の議員も含まれますのでご留意を。

労働組合の役割は、賃金一時金の交渉だけでなく、みんなが働きやすく、暮らしやすい生活が送れるようにレクリエーション活動や、セミナー・人材育成、各種ローンの支援、社会福祉活動と多岐にわたっていますが、組合と会社だけでは解決できない問題や課題があります。

例えば、第2章の給与明細のところで紹介した保険料や税金です。これらは国の税制や法律で負担割合が決められていますので、引かれるお金が上がってしまえば、賃金や一時金の交渉で入ってくるお金をいくら上げたとしても、手取りが増えることはありません。

事実30年前と比較しても、国民年金保険料は1990年度の月額8,400円から、2020年度は2倍近い月額1万6,540円になっています。厚生年金保険料については2004年〜2017年に段階的な引上げが実施され、増加率は人によっても異なり

ますが、自己負担分の保険料率は2％前後上がっています。健康保険料についても、所属している健康保険組合にもよりますが、増加傾向となっており、消費税も今や10％にまで引き上げられています。

　このように私たち働く人が生き生きと働き、安心して暮らせる社会をつくるためには、組合と企業がどれだけ頑張っても、政治でないと変えられないものがあります。

　そんなときの私たちの強い味方が組織内議員です。組織内議員の多くは、もともと皆さんと同じサラリーマンであり、働く人の観点、生活者の観点がよく分かっています。

　今、国会議員は、現・元国会議員の親類（二世議員など）、省庁の官僚、地方自治体の長、士業（医師や弁護士、税理士など）出身の方が多いです。

　この人たちが政策や法律をつくっていくときに、企業で働いている私たちの立場や課題を細かく考慮できるかというと、少し疑問が残ります。ですから労働組合は、組合員の思いを適切に政治の場まで届けてくれる組織内議員を擁立しているのです。

　そして今後、どれだけ多くの「働く人の代表」を政治の世界に送り出せるかもポイントになります。

4.2　議員の活動

■国会議員のとある一日

　皆さんの職場代表として国会で仕事をしている議員は、どのような一日を過ごしているのでしょうか。

　ある一日のスケジュールを見てみましょう。

【7：00　衆議院赤坂宿舎 出発】

国会会期中、地方議員は国会議事堂の近くにある赤坂宿舎（参議院宿舎は別）を利用している人が多く、ここから議員会館に通っています。議員のなかには、ここで家族と暮らしている人もいます。

【8：00　党の政調会議】

議員は法律をつくることが仕事ですので、この会議で国会に提出された法案の説明を受けて、党内で議論を重ね、政府や他党が提出した法案に賛成するか、反対するかなどを決めています。

この会議では、政府から説明を受けるのはもちろんですが、関連する団体（労働組合や業界団体など）からもヒアリングすることがあります。

【8：50　国会議事堂へ】

議員会館から国会議事堂まで地下通路を通って移動します。

【9：00　衆議院委員会】

国会に提出された法案などを論議します。委員会では法案の趣旨説明に続いて、会派ごとに質疑が一問一答形式で行われます。審議が終わると、委員会で採決が行われ、ここで多数決をとります。委員会室の多くは本館ではなく分館にあります。

【12：45　代議士会】

本会議にあたって議案や会派の方針を確認します。

【13：00　衆議院本会議】

法案の趣旨説明や代表質問、委員会から上がってきた法案を審議します。

　本会議では、委員長からそれぞれの委員会の経過報告がなされ、全員で採決を行います。開催するためには総議員の三分の一以上の出席（定足数）が求められますので、出席は必須です。

【15：00　国政報告】

　組合の執行委員会やセミナーで国政報告を行い、国会活動の近況をお伝えします。コロナ禍で対面が叶わなくなってから、オンラインで実施することが多くなりました。

【16：00　超党派議員連盟の会議】

　人権問題や宇宙開発、バイク好きなど、あるテーマに沿って政党の枠組みを超えて議員が集まり、勉強会が開催されます。

【17：00　議員事務所 質問打合せ】

　翌日以降、委員会質問が入っている場合は、秘書と打合せを行って準備を進めていきます。

【19：00　帰宅】

　帰宅後も政策調査を行ったりしています。

　上記はあくまで一例で、他にも政府省庁とのレクや業界団体との協議、調査会の準備、取材対応やさまざまな会合への出席、関係団体への挨拶など多くの仕事を行っています。
　また、一週間で見ると、国会会期中は「金帰火来」といって、金曜日の夜に地元に帰り、本会議の開かれる火曜日の朝に上京することが多いです。週末は地元で、会合への出席や、支援者への挨拶、駅頭や街宣など、休みなく活動しています。

4.3 協創型質疑

■協創型質疑とは

　当議員事務所では、議員が委員会等で質疑を行う際に、職場の皆さんが働くなかで感じられている課題や要望、生活のなかで感じられている不安など、より具体的な意見を直接国政に伝えていくために、職場の組合員と共に質疑内容をつくり上げる取り組みを進めています。職場の組合員と協力して質問をつくり上げるイメージから「協創型質疑」と呼んでいます。

　その方法はまず、政府の進める政策や国会に提出される法案について、関係する組合へ情報を伝えることから始まります。

　関係する組合は、その政策や法改正が、働く私たちの立場で仕事・生活にどのような影響があるのか、組合員から具体的な意見や要望を幅広く集めます。

　集められた意見・要望をもとに、事務所で質問案を作成し、職場の組合員とさらに内容を詰めた後、議員が委員会等で実際にその意見を伝えていきます。終了後は、政府答弁の内容を職場の組合員へフィードバックし、都度状況をお知らせしていきます。議員を介した職場と国の双方向の対話、まさにインタラクティブな取り組みです。

　この一連の活動を体験、継続することで、組合員がより政治を身近に感じてもらえることにつながると考えています。自分たちが挙げた意見・要望であれば、その顛末がどうなったのか、政治のニュースに関心を持つこともあるでしょうし、もしも自分たちの意見をきっかけに政策や法律が変えられる体験を得ることができれば、もはやそれは他人事ではないからです。

図 4.1　協創型質疑

■質問作成までの流れ

　協創型質疑の具体的な流れを、一年のなかで最も長い通常国会を例に紹介します。

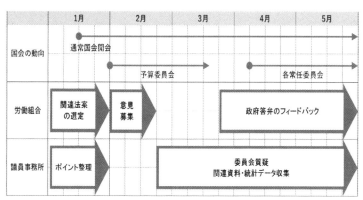

図 4.2　質問作成までの流れ

　通常国会は前述のように毎年 1 月中旬から 150 日間、6 月中旬くらいまで開かれます。1 月下旬の召集日に、総理から内閣全体の方針や、重点課題を説明する施政方針演説が行われ、野党の代表質問が行われるところからスタートします。

【1月】

　毎年1月までには、内閣官房から内閣提出法案（閣法）が開示されます。これをもとに労働組合の政策制度課題を踏まえ、注目する法案を選定、ポイントや課題などを整理します。

【2月～3月】

　国会では主に次年度の予算案について審議が行われています。予算に関連する法案の質疑はここで行われますので、予算措置が必要な法案ついては2月中に、そうでない法案についても3月中には関係する組合を通じて、職場から意見を募ります。

【3月】

　職場から寄せられた意見及び党内議論などを参考に質問事項を作成し、委員会質疑に臨みます。

【4月～5月】

　常任委員会が開催されるので、職場から集まった意見を明確に伝えて、答弁を得ます。

　質疑後はタイムリーに組織にフィードバックを行います。

4.4　具体的事例

■法改正に伴うシステム変更によるシステムエンジニアの長時間労働の懸念について

背景・課題

　最近では国や地方自治体、金融機関や民間企業などのほぼすべてで、情報システムが活用されています。そこでは、住民票や公共料金の請求書、あるいは見積書や契約書といった帳票の

発行に必要な電子データが管理されており、これまで法改正を
きっかけにシステム改修が繰り返されています。

　2019年5月に「平成」から「令和」へ改元されることとな
りましたが、新元号の発表は一か月前の4月でした。同じくし
て2019年4月からは働き方改革関連法の施行により、大企業
においては３６協定が見直され、就業時間の上限が設けられる
ことになりました。

　新元号に対応させるためのシステム改修は、一か月で運用テ
ストまでを完了させる必要がありますが、システムエンジニア
への集中的な作業負荷が想定されます。働き方改革関連法によ
り就業時間の上限が設けられるため、職場ではリソース不足が
懸念されていました。

　このような政府の方針を一企業労使で変えることは難しいで
すが、職場の実態を伝えるべく情報システムを所管する経済産
業委員会の大臣所信（当年度の方針説明）に対して、協創型質
疑を行いました。

　改元の影響について組合へ確認したところ、自治体システム
を扱っている会社の労働組合から、次のような意見が寄せられ
ました。

組合から寄せられた意見（一部抜粋）

> 　公共・自治体事業に関わる事業者におけるシステムエンジ
> ニアの長時間労働発生の背景について、以下のような発注者
> 側である国・自治体（公務員）の文化も一因と考えられる。
> 　今後の話ではあるが、日本が労働人口減少社会のなかで

生き残っていくためには、「Society 5.0」など ICT、IoT に関わる事業者、ひいてはそこで労働するエンジニアが極めて重要な役割を担ってくると考える。保守的文化、事業者への責任の押しつけといった文化が改善されないと、入札不調が増えていく懸念もあり、真に必要な事業が遂行されないという危機的な状況も起こり得る。

ぜひ、国・自治体（公務員）にも真に必要な仕事は何かを見つめ直していただき、不要な仕事の削減、生産性向上の観点での業務見直し、取捨選択といった働き方改革を実現していただき、長時間労働の是正につなげていきたい。

1. 変更が困難な予算・納期

予算の上限（予算要求）や納期が絶対的に決められているため、変更要件や当初要件と異なった事象が発生した場合に、スケジュールの見直しや価格折衝ができない（しても通らない）。

2. 契約・仕様提供が曖昧

上記、予算・納期に変更困難な背景もあることから、要件定義など上流工程の内容が決まり切らず、下流工程に進んでくるケースが多い（調達仕様書が包括的な表現になっている、ベンダーの責任で対応するなど）。

3. 法改正発生時におけるシステム変更までの期間が非常に短期

法改正から施行までの期間が短いケースが多い。特に、国から自治体へと流れていくケースでは、自治体の対応が後手に回ることもあり、さらに法に則って設計されるシステムは、さらに後がない状況での対応が求められる結果になってしま

う。自治体側でも適用スケジュールに猶予がもたされるようになればいいのではないかと考えるが、「国に言われるとしょうがない」というのが自治体担当者側でもある。

　目下直近では、「元号改正」が注目されているところである。新元号名の発表を極力施行日に近づけるべきなどの議論がなされ、システム影響調査、修正対応などについて、短期間で大量の対応を迫られることを、システムエンジニアは非常に危惧している。

4. 予算の使い切り文化

　予算執行状況によるのか、その管理が甘いのか、予算に余裕があるという状況が判明すると、駆け込み発注につながり、短期間での契約手続き及び作業を迫られる形になる。

5. 紙納品・保管文化が根強い

　電子納品でも十分と思われるこの時代に、大量の成果物（設計書など）を紙で印刷し、納品しないといけない契約（調達仕様書）になっている。この工数だけでもかなりのものになる。上記の年度末駆け込み発注と重なると、作業工数の増から長時間残業にもつながる。

取り組み

　自治体システム全般に関する意見ですが、改元への対応部分をもとに質問を作成し、2018年5月30日の経済産業委員会において、大臣所信に対する質疑を行いました。

　この委員会では、産業界へ十分配慮していくこと、一定の移行期間も検討しているとの政府方針を確認することができました。

次は実際の質疑と答弁の内容です。

■ 2018 年 5 月 30 日 第 196 回通常国会 経済産業委員会

【議員質問】

　来年に控えている元号の改定に向けた産業の準備についてであります。産業界においては、いろいろな今情報化が進んでおりまして、元号改定に対していろいろな準備を進められているところであります。

　ただ、元号がまだ公開されておりません。昭和から平成に変わるときは、前日に、昭和の最後の日に、1月7日だったでしょうか、公表されたということであります。ただ、今はこれだけ情報化が進んで、いろいろなものがシステム上でつながっている世の中ですので、しっかりとそれを対応させる準備期間も必要だと思っています。

　しかしながら、5月17日に行われた関係省庁の連絡会議では、作業上の便宜として、新元号の公表日を改元の一か月前と想定するという方針が決まったそうであります。

　これが十分な期間をとっているかどうか、これはさておき、産業界の対応作業の円滑化あるいはトラブル抑制に向けて、経済産業省としての考えを伺います。

【参考人（審議官）答弁】

　ご指摘のとおり、5月17日に連絡会議が開かれました。

　そのなかでは、新元号の公表時期を改元の一か月前と想定をして、作業上の便宜として準備を進めるということになっておりますが、そのなかで、各府省庁の情報システムにおい

ては、改元日に間に合わせることを基本としますけれども、仮に間に合わないことが想定される場合には、システム間でやり取りする和暦情報を新元号へ切り替える時期等の調整や、あるいは新旧元号のどちらでもやり取りできるようにするため調整を行うとなっておりまして、また、各府省庁は、所管の法人や業界等に対して、政府において新元号の公表時期を一か月前と想定して準備作業を進めることについて情報提供するとともに、法人等においてもこれを踏まえた適切な対応を行うように要請するとしております。

　私ども経済産業省は、情報システムあるいはソフトウェア産業を所管しております。その苦労はよく分かっているつもりでございますので、できる限り緊密に連絡を取り合いながら、万全を期していきたいというふうに思っております。

　同年 12 月 5 日の経済産業委員会において、進捗状況を確認するために再度質問を行いました。

　この委員会では、約 750 団体に通知を行っていること、そして産業界へのヒアリングを開始している旨の政府答弁を確認することができました。

■ 2018 年 12 月 5 日 第 197 回臨時国会 経済産業委員会
【議員質問】
　新元号の公表時期というのは改元の一か月前を想定しているというのが、当時の参考人の答弁内容でありました。
　そして、しっかりと各府省庁の情報システムにおいては、改元日に間に合わせることを基本としますが、間に合わな

いことが想定される場合には、システム間でやり取りする和暦情報を新元号へ切り替える時期等の調整、あるいは新旧元号のどちらでもやり取りできるようにする調整を行う、さらに、できる限り緊密に連絡を取り合いながら万全を期するということでありました。

　この質疑から半年が経っておりますので、今日までのこの問題に対する進捗状況を伺います。

【参考人（審議官）答弁】

　新元号への移行に伴う情報システムの改修作業につきましては、ご指摘のとおり、政府におきましては5月17日に、新元号への円滑な移行に向けた関係省庁連絡会議を開催いたしております。そこでは、今委員からもご指摘ありましたように、政府全体の方針として、情報システム改修等を円滑に進めるための作業上の便宜として、新元号の公表時期を改元の一か月前と想定し、準備を進めることといたしております。

　こうした方針を受けまして、経済産業省といたしましては、ちょうど前回委員からご指摘いただいた以降、所管業界の約750の団体それぞれに対しまして、情報提供を行うとともに、適切な対応を要請してきているところであります。

　また、こうしたなか、各団体に要請を始めてからちょうど約半年が経過しているわけですけれども、直近におきましても、情報システムのベンダー企業を中心に、改元に向けた対応状況につきましてヒアリング等を行っております。

　こうしたヒアリング等を通じて産業界における取り組み状況の把握に努めた上で、必要に応じて周知の強化など対

58

応策を講じることによって、改元に向けて万全を期してまいりたいと考えております。

　改元日の二か月前となる2019年2月5日の予算委員会においても、進捗を確認するために質問を行いました。

■ 2019年2月7日 第198回通常国会 予算委員会
【議員質問】
　前回の改元時、つまり昭和から平成に変わるときは、直前に元号が公表になったということもあって、和暦を使ったシステムを修正する作業がかなり膨大な作業になった、しかも期間が集中していたので、その産業の現場ではかなり混乱が生じたという事実がございます。
　30年前と今とを比較したときに、30年前はまだそれほどITシステムというのは高度でなくて、比較的、一つ一つのシステムを単独で修正すればよかったですけれども、やはり今、この時代になりますと、ITシステム同士が複雑に連携して相互依存をしている状況にあるということで、改修作業と一言で言っても、かなり高度な作業が要求されると想定されています。
　産業界の理解をしっかりとしていただきながら、この作業、準備を進めていかなければいけないですけれども、経済産業省では、今、全国10か所で説明会を開催しているということであります。

　・・・（中略）・・・

この説明会、ぜひ現場に直接経産省の方が行って、直接やり取りをして、周知を広めていくということは大事だと思いますけれども、実際にどのくらいの方々が参加しているのか、またそのなかでどういう意見が出て、経産省としてはどういう対応をする予定なのか説明いただきたい。

【参考人（審議官）答弁】

　ご指摘ありましたように、経済産業省では、ただいま、民間企業の皆様方に対して、改元に伴う情報システム改修等の対応についての情報提供を行っていくことを目的として、全国10か所で説明会を開催しています。

　実際に参加いただいている方々の人数は、多いところで、例えば東京ですが、190名にお越しいただいています。

　説明会では、独立行政法人情報処理推進機構、ITベンダーの方々にもご協力いただき、経産省の職員も自ら説明に赴きまして、改元に伴う情報システムの対応について、想定される段取りや、あるいは留意すべきポイント、それから新元号の実装方法などについて、説明を行っているところであります。

　これに対して、説明会の参加者の方々からいただいている質問としては、実際のアップデートの方法など、技術的な質問が多い状況なのかなというふうに承っております。

　こうした技術的な質問への対応も含めまして、引き続きITベンダーの皆様とも協力しながら、説明会はもちろん、それに加えてホームページなどでも資料を掲載するなど、引き続き民間企業等への情報提供をしっかりと進めてまい

りたいと考えております。

【議員質問】

　システム改修に向けた準備というのは、今進めていただいていると思うのですが、これが適切にしっかりと行われること、言い方を変えれば、公正な取引環境の下で行われるように準備をするべきではないかというふうに思っております。

　例えば、これは想像の範囲を超えませんけれども、発注元が、その優越的な立場を利用して、通常のメンテナンス、保守サービスの範囲内で改元対応をやってほしいとか、追加料金なしでやってくれという無理なお願いをするケースも想定されるわけであります。こういうものに対しても、しっかりと対応していただきたいということ。

　また、4月1日に公表されても、残り一か月しかないなかで作業しなければいけませんので、当然ながら、期日に間に合わない場合も想定されるわけであります。

　間に合わなかった場合、業者間のトラブルになることも想定されますし、こういった部分についても、あらゆる可能性を考慮しながら公正公平な取引を実現し、なおかつ予測可能な事態に対して十分な準備に支援をすべきだと考えますけれども、この点について、経済産業省の考えを伺いたいと思います。

【参考人（審議官）答弁】

　改元に伴う情報システムの改修に当たりましては、作業

内容の増加、あるいは対応スケジュール、これらについて、ユーザー企業の方々がベンダー企業の皆様に対して一方的に押しつけるのではなく、両者の間でしっかりと必要な作業内容やスケジュールについてコミュニケーションを行って、必要な場合には契約内容の変更等も行っていく、こうあるべきだと考えております。

　経済産業省では、ユーザー企業、ベンダー企業双方に対して、改元対応において、それぞれの立場で何をすべきか確認を行うべき事項のリストを配布するなどの対策を講じてきております。こうしたリストの活用の促進も含めまして、引き続き、ユーザー企業、ベンダー企業の間のコミュニケーションが円滑にとられていきますように、双方に必要な情報提供を行ってまいりたいというふうに考えております。

　なお、ご指摘もありましたように、改元までにシステム改修などの対応が間に合わない場合も想定されます。そのような場合でも、国民の皆様から行政機関等に対してご提出いただきました文書あるいはデータ等については、平成表記のままで有効なものとして受付予定でございます。

　こういったことも含めて、改元以降に円滑に事業者の方々に対応いただくことによってトラブルを回避できるよう、これにつきましても、引き続きしっかり周知してまいりたいと考えております。

【議員質問】
　発注する側の自助努力によって混乱を最小化することも

できると思っています。

　例えば、業界特有のシステムを有している業界などは、業界に属するさまざまな会社がありますけれども、会社ごとに、いつシステムの中身を入れ替えるのかというタイミングがばらばらだという話も聞いております。

　もし同じようなシステムであれば、同じタイミングで切り替えることによって、切り替える前後で、しっかり、今の元号と新元号が混在せずにシステムをメンテナンス管理できるようにもなりますし、こういった現場の自助努力も必要かと思いますので、今後、説明会や情報発信の際には、業界あるいはシステム発注をする側の努力というのも啓発していただければと思います。

　この日、経済産業省から、改元に伴う情報システム改修等への対応について万全を期すために、全国で説明会を実施することが公表されました。本説明会では、情報システム改修に向けて想定される段取り・行程、留意すべき点等について情報提供が行われるとのことでした。

　この説明会には、経済産業省だけでなく、情報処理推進機構（IPA）や日本マイクロソフト株式会社も共同で説明者として参加しています。また、周知活動の一環として、民間企業等における改元対応の進捗状況等について、現状の実態を把握することを目的に、アンケート調査も行われることになりました。

経済産業省

改元に伴う情報システム改修等への
対応について

経済産業省
商務情報政策局

---

1. 改元に関するこれまでの経緯と今後のスケジュール

平成30年5月17日	官房長官会見において、「作業上の便宜として、新元号の公表日を改元の1カ月前と想定し、官民の情報システム改修の準備を進めることとした」と発言
平成30年6月中旬	各省庁所管の業界団体等を通じて、新元号の公表日を改元の1カ月前と想定し準備を行うよう周知文書を発出
平成31年1月4日	安倍総理が年頭記者会見において、4月1日に新元号を発表することを表明
平成31年1月下旬	各省庁所管の業界団体等を通じて、改元に伴う情報システム改修等への対応例や留意すべき事項について周知文書を発出
平成31年2月15日以降	改元対応に関する政府の周知活動の一環として、経済産業省が全国10か所において説明会を実施
平成31年4月1日	新元号公表
2019年5月1日	改元

※ベンダー企業が4月1日以降の改元に向けた製品アップデートの提供スケジュールを提示しているため、ユーザ企業やベンダー企業におかれては、それらをご確認の上、改元対応のスケジュール確定をお願いします。

1

2. 改元による情報システムへの影響に注意が必要な理由

● 前回の改元（昭和⇒平成：1989年）時と比較すると、現在の情報システムは、規模
や構成が大きく異なるため、前回改元時の対応とは異なる対応が求められる。

◆ **前回**の改元時は、**ホストコンピュータ全盛**時代
- ✓ 情報システム（サーバだけでなく端末も）は、当時、情報システム部門の強い統制
下にあった。
- ✓ 日本語版Windows のような OS・端末は登場前、Officeアプリも限定的な利用。
- ⇒ **情報システムの構成**は、前回改元時と**全く異なっている**。

◆ **今日のシステム間連携（システム間のデータのやりとり）は多様で複雑**
- ✓ システム間連携は広範囲化しており、かつ、手段も多様化している。
- ✓ 例：ExcelやPDF等のメディアを用いた連携や、XML、JSON等のデータによる連携。
- ⇒ システム間のデータのやりとりの複雑化により、**テストによる確認が不可欠**。

2

3. 民間事業者の皆さまへ：　情報システムの改元対応におけるポイント

● 5月1日に予定されている改元に向けて、使用されている情報システムの対応については、次のような点に注意
して準備を進めていただくようお願いします（なお、新しい元号は4月1日に公表される予定です）。

① **使用されている情報システム（サーバだけでなく端末も）で和暦が使用
されているかどうか確認しましたか？**
- ✓ 画面表示や他のシステムとの連携で和暦が使用されていることがあります。

①和暦の使用部分のチェック

② **改修の作業計画を立てましたか？**
- ✓ 自社でシステムを構築しており、その改修が必要となる場合は以下③～⑤も
ご確認ください。
- ✓ システム間情報連携を実施している場合、送信側・受信側のいずれかの改
元対応が未了だとエラーが生じる可能性があることに注意が必要です。
- ✓ 市販のソフトウェア（OSなどを含む）のアップデートが必要となる場合は、
販売元のソフトウェア会社のHPなどで改元における対応を確認ください。

②対応が必要かチェック

③ **改修やアップデートなどの対応が必要かどうか確認しましたか？**
- ✓ 他のシステムとの連携で和暦を使用しているような場合には、連携先のシステ
ムの作業も考慮する必要があります。

③作業計画を立案・実施

④ **改修後のテスト・リハーサル計画を立てましたか？**
- ✓ 念のため、事前に新元号が正しく表示されるかご確認ください。
- ✓ 連携している他のシステムとも送受信テストをしてみましょう。

④テスト計画を立案・実施

⑤ **改修が改元日までに終わらなかった場合の対応を考えましたか？**
- ✓ ゴム印で新元号に修正するなどの方法をご検討ください。

改　元（5月1日）

○ **行政機関等の情報システムについて**
①行政機関等の情報システムについては、改元日までに改修を終了することを基本として準備を進めています。
②改元日以降、皆さまの情報システムの改修が間に合わないなどの場合でも、国民の皆さまから行政機関等に対
してご提出いただく文書・データ等については、「平成」表記のままでも有効なものとして受付予定。
（「平成31年5月」と記載されている申請書など）。

3

図 4.3　説明会資料（一部）

4月に入り新元号が公表されてからは、情報サービス産業・ソフトウェア産業への呼びかけが行われ、政府は4月1日に開催された「新元号の円滑な移行に向けた関係省庁連絡会議」において、改元に伴う元号による年表示の取扱いについての申合せを行いました。

　これを受けて経済産業省は、改元に伴う元号による年表示の取扱い及び情報システム改修等への対応について万全を期すための情報の周知を行いました。大型連休及び改元日を迎えるにあたって特に注意いただきたいことをまとめて、情報システムの管理者向けに連休前の点検等が推奨されました。

　そして、いよいよ5月1日の改元日を迎え、5月17日の経済産業委員会で、状況を確認しました。

■ 2019年5月17日 第198回通常国会 経済産業委員会

【議員質問】

　改元に関わる情報システム、5月1日以降、元号が切り替わるのに合わせてシステム内容も切り替えたと思いますけれども、情報システムの改元に関わるトラブルが現状どのくらい起こっているのか。

　事前に少し伺ったところ、国のシステムや地方自治体のシステム、そして民間のシステムと所管が多少異なるという話でしたので、本日取りまとめとして内閣官房に来ていただいていると思いますので、ご答弁いただきたいと思います。

【参考人（参事官）答弁】

　改元に伴います情報システムの改修の状況でございますけれ

ども、各府省庁の情報システムにつきましては、国民生活に影響を生じさせることなく改元日、開庁日までに改修作業を終了するとの原則のもと、改修作業を進めてきたところでございます。

　この結果、現時点で、改元に伴う情報システムの改修を理由として国民生活に影響を与える事態が生じているとの報告は受けておりません。

　続きまして、地方自治体のシステムにつきましては、ごく一部の自治体におきまして、プログラムの設定ミスにより、短時間ではございますけれども、印鑑の登録業務や国民健康保険証の交付業務に支障が生じるなどの事態が発生したとの報告を受けております。

　なお、いずれのシステムにつきましても、速やかに復旧し、現在は通常どおり業務を行っていることを確認しているところでございます。

　民間のシステムにつきましては、一部の金融機関におきまして、プログラムミスにより、一部のコンビニ ATM で振り込み予約日が 1989 年と誤表示される事態が発生したとの報告を受けております。

　なお、振り込み処理そのものは正しく処理されるため、資金決済等の実質取引に影響はなく、誤表示も正しく表示されるよう復旧していることを確認しているところでございます。

【議員質問】

　情報システム改修事業者の立場に立ったときに、昭和から平成になったときは、非常に短期間の作業だったためにトラブルがたくさん発生して、また同時に、過重労働のよ

うな状態にもなったという反省から、事前の早期の公表、早期の準備というのを求めてきたわけでありますけれども、実際、今回は現場がどうだったのかというところをしっかりと政府としても把握をしていただく必要があるのではないかというふうに思っております。

　情報システム関連事業者からの意見を聴取したり、あるいはコメントを求めるなどの取り組みはされていますでしょうか。

【参考人（審議官）答弁】

　経済産業省におきましては、連休に入る前から、IT 業界に対しまして、多数のユーザーに影響が及ぶソフトウェア製品の不具合があった場合等におきましては、経済産業省に報告をいただきたい旨、呼びかけをしてきたところでございます。

　さらに、連休の後も、業界団体やあるいは OS ベンダー等を通じ、IT 業界における状況をヒアリング等しております。こうした情報収集におきまして、現時点では多数のユーザーに影響が及ぶソフトウェア製品の不具合等の報告は受けていないという状況でございます。

　一方、ヒアリングのなかでは、これから改元対応をなされる企業等も多く残っているのではないかと思われるという声も聞かれております。

　したがいまして、経済産業省としましては、引き続き IT 業界ともしっかりとコミュニケーションをとっていきたいと考えております。

【議員質問】

　私の方でもいろいろな事業者から声を集めたところ、今

68

回、特に一定期間は平成という元号を移行期間中使い続けてもよいと。移行期間のなかで令和という元号に切り替えて、徐々に切り替えられるような、そういう重複期間を容認するような通知を出している自治体もあったということで、現場からは、大変助かったというような声も来ております。

　今回の改修対応は比較的円滑に行われたということで、これまでの政府関係者の対応にも感謝を申し上げたいと思います。今後同じようなケースの場合にも対応いただきたいと思いますが、大臣のご所見を伺います。

【大臣答弁】

　昭和から平成の時に比べて、今回は一か月という時間があったわけですが、一方で当時と比べて、ITシステムが社会に浸透している度合いというのは、比べようもないわけであります。そういう意味で、何かあったら国民生活に多大な影響があったわけですけれども、現時点でトラブルというものはかなり限定的なものに留まっているわけであります。

　この背景には、ITエンジニアの皆さんが事前に非常にスピーディーに対応をしていただいたということと、恐らくみんなが10連休で休んでいる間も、小さなトラブルはいっぱい起こっていたと思うのですけれども、それに的確に不具合に対処をしていただいた。このIT業界の皆さんの多大なご協力のおかげで、この令和の時代、IT的には平穏に迎えることができたというふうに思っておりまして、改めて心から御礼を申し上げたいと思います。

結果

　組合から寄せられた意見をもとに、改元にあたって懸念されていたシステムエンジニアへの負担に配慮した進め方について、改元一年前の5月に問題提起、その後継続して状況の確認を行いました。この間、経済産業省は早期から業界団体へ説明を行い、業界を超えてコミュニケーションを図り、大きなトラブルなく改元への対応が完了しました。

　システム改修が間に合わないところについては、例えば一定期間は平成31年でも認めるなど、柔軟な移行措置も図られました。

　この協創型質疑の取り組みのなかで、政府の答弁については都度、意見をいただいた組合へ伝え、組合ではオルグ等を通じて組合員への周知が行われました。自分たちに関わる内容だけに、組合員も非常に興味をもって話を聞くことができたと伺っています。また、意見をいただいた組合の執行部には実際に委員会を傍聴していただくなど、政治をより身近に感じていただくような工夫も行いました。

　改元日やその公表日については国が設定することであり、一企業労使では変えられないことではありますが、それによって影響を受ける職場の声を届け、産業界への配慮を求めることができた効果的な事例です。

図4.4　委員会傍聴後に組合執行部と

■デジタル改革関連法案について

背景・課題

　近年、流通するデータの多様化、大容量化が進展し、データの活用が不可欠な社会となっていますが、新型コロナウイルス対応において、デジタル化の遅れが顕在化しました。少子高齢化や自然災害などの社会的な課題解決のためにはデータ活用が緊要であり、政府はこれを受けて、2021年にデジタル化進展に向けて5法案を提出しました。

　マイナンバーデータの活用や、行政サービスの利便性向上といったデジタル化の推進は、ITツールがここまで発展した社会において必要なものと考えますが、一方で個人情報の取り扱いやセキュリティについて、具体的な方針を決めていかなければなりません。また、情報システムを改修するベンダーにも事態を把握する必要があると考え、協創型質疑に取り組みました。

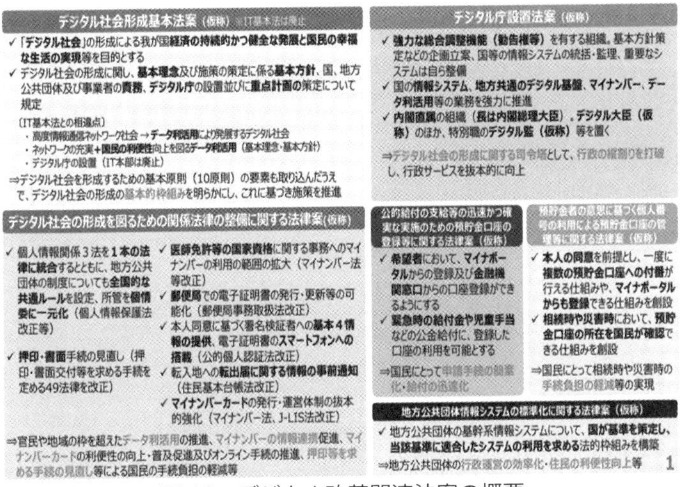

図4.5　デジタル改革関連法案の概要

取り組み

　法案の具体的な内容を電機連合の加盟組合へ展開し、意見募集を行いました。

組合への要請資料

【背景】

　法案では「デジタル社会」の実現に向けてデジタル庁を設置し、国の情報システム、地方共通のデジタル基盤、マイナンバー、データ利活用等の業務を強力に推進することが定められる予定となっています。

　電機産業はデジタル化を支えるさまざまな事業、技術開発を担っており、デジタル社会の実現をけん引していくことが求められています。

【5法案の具体的な内容】

・地方公共団体の基幹系情報システムに関して、国が基準を策定し、その基準に適合したシステムの利用を求める法的枠組みを構築します。

・個人情報関係3法を1本の法律に統合し、地方公共団体の制度に関して全国的な共通ルールが設定され、所管を個人情報保護委員会に一元化します。

・押印、書面手続きを見直します。

・医師免許等の国家資格に関する事務にマイナンバーの利用範囲を拡大します。

・郵便局での電子証明書の発行・更新等の可能にします。

・本人同意に基づいて署名検証者へ基本4情報を提供、電子

証明書のスマートフォンへの搭載を可能にします。
・転入地へ転出届に関する情報を事前通知します。
・マイナンバーカードの発行・運営体制を抜本的に強化します。
【組合員へお願い】
　デジタル社会を支える事業者の視点で、誰一人取り残さ
ない、人に優しいデジタル化を実現する上での課題や懸念
点、国への要望を広くご教示ください。

　本法案は予算措置を伴うため短い期間での意見募集となりま
したが、関係する組合からはさまざまな意見・要望が多く寄せ
られました。
　組合から寄せられた意見は、電機連合の産業政策の考え方と合
わせて、次のようにまとめられました。その後、党の政調会議で
説明が行われ、内容について出席議員と意見交換が行われました。

電機連合からの意見要望

1.　電機連合の基本的な考え方
　デジタル社会の実現により、経済発展と社会的課題の解
決を両立させることが可能となる。データ利活用ルールの
整備、セキュリティ対策の強化などの必要な基盤整備を行
い、国民の不安を払拭した上で、あらゆる分野でのデジタ
ル活用を推進すべきと考える。
　電子行政の推進をはじめ、学校教育や医療・介護の ICT 化、
新交通システムの推進などを早急に進める必要がある。
　デジタル化を進めるにあたっては、その恩恵をすべての

人が実感できることが重要であり、誰ひとり取り残さないデジタル社会をめざさなければならない。

　第４次産業革命に対応した人材の育成・確保が重要であり、リカレント教育など、学ぶ機会の整備が必要である。
　社会全体でデジタル化への理解を深め、IT 人材が持てる能力を発揮できる環境整備が重要であり、政府 IT 調達についても改善が必要になる。

2. デジタル関連法案に対する加盟組合からの意見・要望
（1）デジタル化による行政プロセスの刷新を
　DX（デジタルトランスフォーメーション）の本質は業務プロセスの変革である。デジタル大臣が関係行政機関の長にシステムの利活用を勧告するだけではなく、行政プロセスの刷新をセットで勧告する必要がある。
　2001 年策定の「e-Japan 戦略」では、国が提供するすべての行政手続きをインターネット経由で可能にすることをめざし、各省庁が一斉にオンライン申請システムを整備したが、紙の添付書類が必要な制度が残ったため、システムが十分に利用されなかった。
　IT システムの共通化・クラウド化・高度化だけでは、期待どおりの成果は生まれない。デジタル庁が強力に、行政プロセスを見直すことを担保する必要がある。

（2）地方公共団体情報システムの標準化は国が責任を持って推進を

　地方公共団体によって IT 要員の数には差があり、IT システム関連の業務を IT ベンダーへ丸投げしている団体も少なくない。

　国は基本方針を作成するとあるが、具体的な部分まで決めなければ、団体ごとに個別解釈とカスタマイズが発生し、現行システムの不統一性が継承されてしまう恐れがある。標準化対象範囲の事務プロセスについては、共通仕様に落とし込むところまで国が実施すべきである。

　「地方公共団体情報システムの標準化に関する法律案の概要」によれば、「基準に適合する情報システムの機能等について、標準化対象範囲外の事務を処理するために必要最小限度の追加等が可能」とある。こうした特例を認めることは個々のカスタマイズを助長する恐れがあることから禁止すべきである。

（3）クラウド活用は大規模障害を回避する対策とセットで推進を

　「地方公共団体情報システムの標準化に関する法律案の概要」によれば、「地方公共団体は、国による全国的なクラウド活用の環境整備の状況を踏まえつつ、当該環境においてクラウドを活用して情報システムを利用するよう努める」とある。

　事業者側としての懸念は、クラウド化による障害の共通化（大規模化）である。各地方公共団体が共通のシステムを使うことで、障害が発生すると全国規模で影響が生じる。クラウド化はデジタル化を進める上で有効な手段だが、リスク対策とセットで進める必要がある。

（4）マイナンバーカードのさらなる利便性向上を

　マイナンバーカードの普及率向上には、カードを使用した行政サービスの利便性向上や、民間企業サービスの取り込みが必要である。引き続き、身分証明書（運転免許証・健康保険証・資格・診察券など）の一元化を推進し、スマートフォンと連動した各種手続きの完結や、電子投票への活用も推進すべきである。

（5）企業のデジタル化に関わる法令のとりまとめ等の検討を

　企業のデジタル化に関する根拠法は、e-文書法、電子帳簿保存法、会社法、電子署名法など複数あり、電子化を推進する上で分かりづらいという意見がある。企業のデジタル化を後押しするために、これら法令のとりまとめやガイドラインの発信なども検討していただきたい。

（6）システムエンジニアの業務負荷に配慮した計画推進を

　国は地方自治体に対し、住民基本台帳や国民健康保険、国民年金など17業務について、2023年度から2025年度の間でガバメントクラウドを活用した標準準拠システムへ切り替えることを、「デジタル・ガバメント実行計画」及び「地方自治体によるガバメントクラウドの活用について（案）」で示している。

　移行作業が短期間に集中することで、システムエンジニアの高負荷労働や、システムエンジニア不足が懸念される。結果として品質の低下や計画未達となることを避けるためにも、計画的な推進が必要である。

従来、政府 IT 調達の課題として意見の多かった、システムの要件定義に関わるコンサルタント会社が作成した仕様の曖昧さに起因する開発時の技術的な困難さ、費用の予算超過などの問題については、デジタル庁による一元化で改善するか、注視していく必要がある。

（7）IT 人材の育成と魅力ある IT 産業の実現を

DX の成否は、各企業の IT 人材が鍵を握るが、わが国では IT 人材が IT 企業に偏在していることが、各企業で DX が進まない一因だと言われている。DX を担える IT 人材の育成を、国としてもさらに検討していただきたい。

IT 産業において優秀な人材が獲得できない要因として、請負的なシステムインテグレーション・ビジネスが主流で、レガシーシステムの保守業務が多いことにも一因がある。一定の資格保有がないと実施できない専門性のある事業領域を設定するなど、IT 業務の価値を高め、IT 産業の魅力を高める取り組みが必要である。

結果

法案自体はデジタル化推進の大きな枠組みを規定するものであり、会議の結果、委員会では賛成の立場をとることになりましたが、組合からの具体的な意見は、法律を施行するときに配慮が必要となる「附帯決議」として加えることになりました。

当初、この附帯決議案には二の7の下線部は入っていませんでしたが、党内議論や委員会の質疑を経て、組合からの意見・要望を反映することができました。

この後、審議は参議院に送られますが、法施行後も具体的な課題は委員会などで取り上げることができます。

　追加された附帯決議は次のとおりです。

法案に追加された附帯決議

デジタル社会形成基本法、デジタル庁設置法案、デジタル社会の形成を図るための関係法律の整備に関する法律案、公的給付の支給等の迅速かつ確実な実施のための預金口座の登録等に関する法律案及び預貯金者の意思に基づく個人番号の利用による預貯金口座の管理等に関する法律案に対する附帯決議

　政府は、デジタル改革関連五法の施行に当たっては、次の事項に留意し、その運用等について遺漏なきを期すべきである。また、政府は、地方公共団体における運用等についても次の事項の趣旨にのっとり行われるよう、必要な助言を行うこと。

一　デジタル改革関連法案の要綱等に多数の誤りがあったこと及びその事実が判明した後、直ちに国会に報告しなかったことを深く反省し、再びこのようなことが起こらないよう、再発防止策を徹底すること。

二　デジタル社会形成基本法の施行に関し、以下の事項について配慮すること。

1　本法は国民に義務を負わせるものではないことに留意すること。また、事業者に課される努力義務は、事業者に過度な負担を課すことのないよう十分留意すること。

2　本法第十条の「デジタル社会」の形成に当たっては、高度情報通信ネットワークの利用及び情報通信技術を用いた情報の活用により個人の権利利益が害されることのないようにするとともに、高度情報通信ネットワークの安全性及び信頼性の確保を図ること。

3　本法第二十九条は地方公共団体に「共同化及び集約」の義務を負わせるものではないことに留意すること。

4　地方自治に重要な影響を及ぼすと考えられる施策について重点計画を策定するときは、地方六団体のみならずその他の関係者の意見を幅広く聴取すること。

5　本法の運用に当たっては、デジタル化の推進が国民を監視するための思想信条、表現、プライバシー等に係る情報収集の手段として用いられることのないようにすること。

6　デジタル化の推進に当たっては、年齢や障がい、経済的状況、地理的条件等にかかわらず誰もが不自由なく行政とのやり取りを行える機会が得られるよう必要な措置を講ずるとともに、地方公共団体等の窓口における対面業務、電話対応等、従来の機能を求める国民のニーズに十分配慮すること。また、これらの条件にかかわらず誰もが不自由なく事業者のサービスを利用できるようにするため、事業者の責務として自ら必要な取組を行うよう促すこと。

7　地方公共団体のデジタル化を推進するに当たっては、各地方公共団体による独自の自治業務の遂行を妨げること

のないようにすること。また、地方公共団体のシステムの共同化又は集約を行うに当たっては、適切な財源措置を講ずること。また、国が提供するシステム及び地方公共団体のシステムの改修作業が短期間に集中し、システム改修を行う事業者への過度な負担が生じないよう計画的に作業を推進すること。

8　国の行政機関、独立行政法人、地方公共団体の機関及び地方独立行政法人等の行政機関等（個人情報の保護に関する法律第二条に定める行政機関等をいう。以下同じ。）が保有するデジタルデータについては、データの性質を踏まえつつ、その管理を外部に委託した場合を含め、データを国内に置くなど個人情報の保護に関する法律の趣旨にのっとり適切な管理を行うこと。

9　行政機関等が保有する情報のうち国民生活に有用なものについては、積極的にホームページ等で公表するなど国民が容易に活用できるようにするための環境整備について検討すること。

三　デジタル庁設置法の施行に関し、デジタル庁への民間からの人材確保に当たっては、特定企業との癒着を招くことがないよう配慮すること。・・・（以下略）

4.5　効果と課題

今回の事例では、情報システム産業について取り上げましたが、自動車産業や電力産業など、他の産業に関連する政策や法律もたく

さんあります。また、働き方や子育て、電気・水道、道路交通や放送など、私たちの生活には政治と関係するものも多くあります。

　協創型質疑を進めるなかで、実際に政府方針や回答を見ると、職場で働き、生活している人が感じている問題や課題を、政府が全然分かっていないと思うことが多くあります。

　例えば、新型コロナ対策で事業者の時短営業要請への協力金が、事業規模を考慮せずに一律になっていることは、ちょっとおかしいのではないかと思われた方も多いのではないでしょうか（2回目）。

　協創型質疑における最も大きな効果は、こういった職場のリアルな声を政策や法律に反映し、私たちのより良い働き方や暮らしにつなげることができることです。

　国にお金を払っているのは私たちなのですから、私たちが意見を伝えていかなければもったいないです。

　組織内議員を有する組合では、意見や要望を組合に伝えれば良いだけですので、簡単です。ぜひ活用していただきたいと思います。

　一方、課題は、国会のスケジュールに影響されてしまうことです。政府方針や法案の内容は国会ごとに大きくは変わりませんが、刻々と情勢が変化するなかで、組合経由での意見収集にはどうしても時間がかかってしまいます。そのため、普段から組合内で意見をまとめておいたり、あるいは組織内議員に気軽に相談できる環境づくりが必要になると考えています。

　また、法案などは内容が分かりにくいものが多いため、分かりやすく伝えられるように、当議員事務所としても改善を続けていきます。

第5章 さらに政治への関心を高めるために

5.1 現役世代の政治への関心

　昨今、日本では現役世代の「政治離れ」や「政治意識の希薄化」が問題と言われていますが、なぜでしょうか。

　ここに内閣府が実施した「平成30年度 我が国と諸外国の若者の意識に関する調査」の結果があります。この調査は、日本を含む世界7か国の若者（13歳～29歳）を対象に行われているものであり、若者の意識を国際的に比較したものです。

　この調査のなかに「あなたは今の自国の政治にどのくらい関心がありますか」という質問があります。

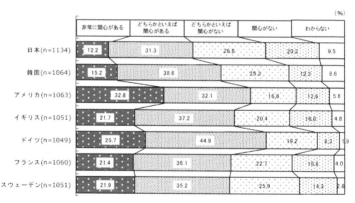

図5.1　現役世代の政治への関心の高さ

　結果を見ると、政治に「関心がある」（「非常に関心がある」と「どちらかといえば関心がある」の合計）と答えた日本の若者の割合は43.5%で、調査対象国のなかで最も低いことがデー

タでも示されています。

　続いて、政策決定過程への関与の項目には「私個人の力では政府の決定に影響を与えられない」という質問があります。

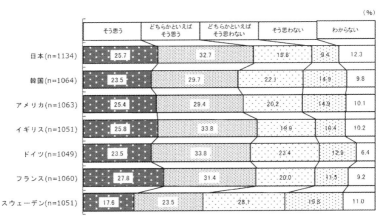

図 5.2　私個人の力では政府の決定に影響を与えられない

　日本では「そう思う」と「どちらかといえばそう思う」という若者が 58.4％と高い割合になっていますが、特徴的なのは、スウェーデンが他の国に比べて「そう思う」の割合が低くなっていることです。第 2 章で取り上げたデンマークもそうですが、北欧では若者に直接影響する政策がとられており、政策や法律が変わると、将来にわたってその影響を受けるのが自分たちであることが理解されています。

　この意識の差は、政治に対する関心などといったものではなく、政治とは何か、社会とは何か、それが自分とどのような関わりを持っているのかという、より根本的な認識が他の国と大きく異なっていることを示しています。

次の質問は「将来の国や地域の担い手として積極的に政策決定に参加したい」と思っているかどうかです。

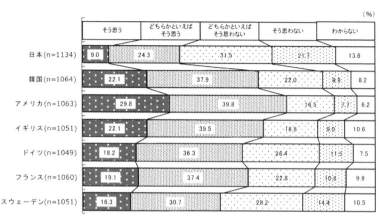

図5.3　積極的に政策決定に参加したい

政治への関心度と同様に、日本の若者は諸外国に比べて、「そう思う」と「どちらかといえばそう思う」を合わせても33.3％と、最も低い結果となっていることが分かります。

関心がないことに加えて、やはり政治がどこか他人事となっていることが推察できます。

これらの調査において、私がもう一つ気になることは、いずれの質問においても、日本の若者が「わからない」と回答している割合が多いことです。

これには日本の学校教育も影響していると考えますが、社会科の授業では、国会や政府、法令などについては教えていますが、政治の仕組み、また政治に対して自分たちの意見を伝える方法については、あまり教えていないと思います。

したがって、そもそも「政治を知らないこと」が、政治への関心を低くしている一因になっているとも考えられます。

5.2　知らない人が損する仕組み

■知ることから始めよう

政治の世界では、関心のない人や、分からないと言っている人は、参加していないと見做されるだけでなく、不利になります。なぜなら、政治は、参加している人の声に応えるような仕組みになっているからです。

政治でさまざまな政策や制度が決まっても、それ自体を知らなければ、私たちは判断することができません。

例えば、2021 年 1 月に、政府は新型コロナウイルス感染症の影響によって休業させられた労働者のうち、会社から休業手当が出なかった人に対して、賃金の 8 割を国から直接支給する「休業支援金・給付金」制度を導入しましたが、ある会議で政府からこの休業支援金・給付金の予算執行状況をヒアリングしているときに、対象となる方からの申請数が少なく、全然知られていないことが分かりました。

制度の存在を知らなければ、アルバイトはこれを使えるのか、シフト時間短縮の場合も該当するのかなど、内容が十分なものなのかどうかも判断することができません。

日本の行政サービスは、ほとんどが申請方式になっており、とりわけサラリーマンは税金や保険料を勝手に引かれているわりには、こちらから情報を取りにいかないと、誰も教えてくれません。

政治に関心をもつためには、まず、政治に関する情報を得る

必要がありますので、普段から少し意識してニュースなどを見るところから始めてみましょう。

■ニュースではなかなか報道されない

政治の情報を得るときの注意点です。

私たちはテレビや新聞、インターネットニュースなどのメディアから情報を得ることが多いと思いますが、メディアは政治について特定の意見や主張を持っていることがあり、また、より多くの人に視聴されるように情報を編集して報道することがあります。

そのため、私たちが政治の情報を得るときは、種類や立場の異なる複数のメディアを比較したり、他の人と意見交換をするなどして、何が正しい情報なのかを見極めて、その上で自分の意見を形成するメディアリテラシーの能力が必要になります。

5.3　現役世代が投票に行こう

図 5.4　第 48 回衆院選における世代別投票率

　このグラフは総務省資料を参考に、2017年に行われた第48回衆議院議員総選挙の投票状況を年代別に示したものです。全体の投票率は53.68％です。

　これを見ると、最も高い60代の投票率が72％なのに対して、最も低い20代の投票率が33％となっています。つまり、60歳以上の会社を退職された世代の方の投票率が高くて、若者を含む現役世代の投票率が相対的に低くなっています。

　政党は、選挙で多くの議席を得るために、投票が見込めそうな世代に対する政策を中心に掲げて、その実現に注力する傾向にあります。

　その結果、現在の日本では、医療や介護、福祉といった高齢世代へ偏った政策に多くの予算が配分されており「シルバー民主主義」とも揶揄されています。しかしながら、世代によって利害は異なります。高齢世代に優しい法律、予算配分と現役世代に優しい法律、予算配分というのは全然違うのです。

　今、職場で働き、生活している私たちにとって、会社の事業活動を発展させていくための産業政策や経済政策、子育てをしながらでも働きやすい環境をつくるための労働政策や教育政策、あるいは、老後の資金のために余計な心配をせず、安心して暮らしていくための社会保障政策などは、現役世代の私たちに直接かかわる話です。

　私たちが望んでいる社会はどのような社会でしょうか。

　国の未来は、政治によって決められたルールやお金の使い道で変わります。その政治を行う議員を選ぶのが選挙であり、皆さんの一票がカギを握っているのです。

おわりに

　本書では、政治とは何か、政治との関わり、そして政治の現場を紹介しました。なぜ組合が政治活動を行わなければならないのか、そのヒントは見つかったでしょうか。

　組合が行う政治活動については、その目的を理解している組合員がまだまだ少ないのが現状です。組合員からしてみれば、日々の業務や生活で忙しく、政治にまで関心をもつことはなかなか難しいということも分からなくもありません。私もそうでした。

　しかしながら、ルールやお金の使い道を決めてこの国の社会をつくっている「政治」は、私たちの産業・職場・生活と密接に関わっていて、それぞれが車の両輪です。

　よりよい未来へ進むために、アクセルを踏むのも政治ですが、一方でブレーキをかけるのも政治です。

　具体的な政治への関わり方として、協創型質疑の事例を取り上げました。皆さんが職場や生活で感じている問題や課題を、組織内議員を通じて国政に届け、実際に政府を動かすことができます。ぜひ積極的に取り組んでいただき、実際に体験して、政治を身近に感じていただければと思います。

　と同時に、この取り組みを通じて、組織内議員の価値に気づいていただけましたら幸いです。職場の組合員と組織内議員の交流が、次なる飛躍を生み出すと確信しています。

　組合を身近な存在に、政治を身近な存在に。私たち働く人の声は届きます。

◎謝辞

　本書の編さんにあたり、政治の世界へ背中を押していただいた篠原氏、日立グループ連合半沢会長、石川会長代行をはじめとする執行部の皆さん、私の所属組織である日立システムズ労働組合西原中央執行委員長をはじめとする執行部の皆さん、そして議員事務所スタッフにこの場を借りて感謝申し上げます。

◎秘書コラム

　民間企業の組合役員から国会議員の秘書を務めることになって驚いたことがあります。

　2021年、菅政権が政策としてデジタル化を推し進めるにつれて、霞が関（政府省庁）の業務も少しずつ変わりはじめました。

　官僚の間でもテレワークが浸透し、国会議員とのレクはオンライン会議で行われるようになりましたが、足元の永田町（国会）の業務は、よもや中小企業でも行っていないようなアナログな慣例が残ったままです。その一端を紹介します。

■何でも電話による予約。しかも先着順！

　国会見学の予約や議員車の手配など、永田町の業務には電話やFAXが欠かせません。

　例えば、毎年春と秋になると、叙勲や褒章の受章者が発表されますが、議員の地元の市区町村にできるだけ早く伝えることが、地元へのアピールにもつながるため良しとされており、受章者を報道発表前に確認したい議員事務所が多くあります。

　内閣府の賞勲局では、議員事務所が確認できるように受章者の一覧が冊子として用意されます。その数は50冊。限られた

冊数を手に入れられるのは電話受付による早いもの順です。

　それぞれの議員事務所では当日、内閣府賞勲局の内線番号を確認し、受話器に手をかけスタンバイ。受け手の電話は1台です。時計の針が受付開始時刻9:30を指した瞬間にリダイヤルボタンを連打。10分後にようやく繋がるもの17番目。その電話はあくまで冊子を取りに行く予約のみです。お昼前に冊子を取りに行って、コピーしてまた返しに行く。もはや神事です。

　事前申込制にしてPDFファイルを送っていただくだけで事足りるのですが。

■慎重な人たちが多い

　永田町では議員事務所にFAX（FAXという時点でなかなかアナログですが）が届くと、送信者から「FAX送りましたので」と電話がかかってきます。

　メールが届いた後も「今メール送ったんですけど…」と電話がかかってきます。メールの受信が少し遅れている場合は、電話の方が早いです。見とるわい！

　重要なことであれば、送りっぱなしでなく内容を確認したかどうかまでフォローしていただけるのは丁寧だし、大事なことだとは思いますが。

■会議室の予約は朝早く来た人が勝ち

　議員会館内にはいくつか会議室があり、その予約は院内ネットワークの会議室予約システムから行うことができますが、定員80名を超えるような広い会議室となると話が変わってきます。広い会議室の予約受付は一か月前の朝8時から先着順で、かつ、その方法は会館内にあるサービスセンターまで行って直

接申し込むという異例のケースとなります。人気のある会議室を予約するために、朝7時前にはサービスセンターに人が並んでいます。猛者になると朝6時前から並んでいたりします。ここはパチンコ店ではありません。ただ、並んでいると受付の人が椅子を出してくれます。

■国会図書館職員の配達

国会図書館は、国会議員が政策や法律に関する調査や情報収集を行いたいときに利用することができ、さまざまな資料を電話1本で請求することができます。図書館の優秀な職員は、こちらから割と大雑把な内容で調査を依頼しても、その意図をしっかりと理解して、世に出ている論文や過去の新聞記事などを的確に集めて纏めてくれます。そこまでは非常にありがたいのですが、その資料の受取りに難ありです。

でき上がった資料（紙）の受取りは、1日3回（10時、14時、16時）、職員（多分アルバイト）が議員会館を巡回して配達するのを待つしかありません。取り寄せた資料は、他の資料の作成に使いたいことが多いので電子データでいただけると助かるのですが、そんなことは言えません。

■委員会記録用DVDの作成

各委員会で国会議員が質問している様子は部屋に設置してあるカメラで撮影されています。詳しくはインターネット中継でご確認ください。

【衆議院インターネット審議中継】https://www.shugiintv.go.jp/jp/

秘書もカメラで撮影することができますが、撮影できるエリアが決まっているので、議員の角度が真横になるなど結構シビアです。

後に作成する資料にその映像を利用したい時がありますが、その手続きは、衆議院第二別館8階にある記録部に予め空のDVDメディアを届けて（議員会館から片道徒歩10分）、数日後に連絡を受けて、でき上がったものをまた取りに行きます（議員会館から片道徒歩10分）。映像はYouTubeで公開したいので、mp4データで欲しいと言うと、そういうのはやってないと断られます。

■委員部の仕事

各委員会の運営事務（会議室設営や日程調整、資料準備、質疑予定者が要求する政府等答弁者の調整等）は「委員部」と呼ばれる部署の人たちが行っています。

委員会で質問している議員に残り時間を知らせるのも、委員部の人の大切な仕事ですが、その方法はまさかの「紙を配って知らせる」。委員会の中継を注意深く見ていると、時々議員の周りをうろうろしている人が見えることがあります。

残り時間は、委員長→与党筆頭理事→野党筆頭理事→質問者の順で部屋の中を一回りして伝えます。伝えるタイミングは5分前、1分前、終了時にそれぞれ紙を置いて知らせるのですが、配る時間で1分はかかっています。

■本会議の開始ベル

本会議が開かれる10分前に15秒間のベルが3回。開議時刻に2分間のベルが1回、けたたましい音でベルが鳴ります。このベルどこかで聞いたことがあると思ったら火災警報のベルと同じです。議員会館内まで漏れなく鳴ります。初めて聞いたときは、驚くと同時に避難を開始しようとしてしまったことは言うまでもありません。

◎業界用語

それぞれの業界に業界用語があるように、国会にも聞いただけでは意味不明な言葉が多くあります。私が衝撃を受けた言葉をいくつか紹介します。

・一丁目一番地

国会議事堂の住所ではありません。基本方針や最初に実施すべき最重要課題という意味合いがあり、「この政策は我が党の一丁目一番地だ」などと使用します。

・ヤリコン

野党理事懇談会の略で野理懇。

各委員会が行われる前に、与野党の理事（役員みたいな人）で委員会の議題共有や質疑の順番などを確認する理事会が行われます。さらにその理事会の前に野党側の理事だけで懇談会が行われます。これがヤリコンです。対して与党側は与理懇（ヨリコン）。評議員会の前に行われる執行委員会、執行委員会の前に行われる三役会議みたいなイメージ？

・つるし

冬になると田舎では、軒下に大根などがよくつるされています。通常、法案が提出されると、議長は委員会に審査を委ねますが、各会派から「法案の趣旨（提案理由）を説明して！」と言われた法案は、本会議で趣旨説明が行われるか、「法案の趣旨を説明して！」を取り下げるまで、委員会で審議を始めることができません。委員会での審議が行われず、法案が宙吊り状態になってしまうことから、「つるし」と呼ばれます。野党が

反対する法案について審議を遅らせるための戦術として使われたりしますが、初心者には意味が分かりません。

・お経読み

　重要な法案であれば本会議と委員会で、そうでない法案も委員会では、その法案を提案した理由の説明が行われます。この際、原稿を単調に棒読みされるので、お経読みと呼ばれています。お経を読んでいるように例えられますが、お経を読んでいるわけではありません。

・レク

　国会では「レクをしよう」という言葉をよく聞きます。組合役員であればレクと聞いて思いつくのはレクリエーションでしょう。非日常の体験を通じて仕事だけでなく、組合員の余暇の充実のための活動です。私も最初はどこに行くのかなと期待してしまいましたが、永田町でレクと言えば、レクチャーのことです。関係する府省庁の担当者からいろいろ教えてもらったり、意見を伝えたりします。

（参考とした文献その他）

・新しい公民教科書 中学社会　自由社

・政治のことよく分からないまま社会人になった人へ　池上彰　滝竜社

・スウェーデンの小学校社会科の教科書を読む　スバネリッドヨーラン、鈴木賢志訳　新評論

・国会の楽しい見方　時事通信社政治部　東京書籍

・政治のキホンが２時間で全部頭に入る　馬屋原吉博　すばる舎

・「Government Finance Statistics」国際通貨基金（International Monetary Fund）

・国税庁ホームページ　税の学習コーナー

・中田敦彦の YouTube 大学

・たまきチャンネル

・若者が政治を変える!!〜 18 歳選挙権と主権者教育〜　日本労働組合総連合会 総合政治局

・我が国と諸外国の若者の意識に関する調査（平成 30 年度）　内閣府

・第 48 回衆議院議員総選挙・最高裁判所裁判官国民審査速報結果　総務省

【著者プロフィール】

森田 亜希人（もりた　あきと）

1983年兵庫県豊岡市生まれ。
2007年島根大学大学院総合理工学研究科修了。同年、株式会社 日立情報システムズ入社（現 日立システムズ）。
主にCRMパッケージシステムの開発に従事。2015年日立システムズ労働組合中央執行委員、2018年同書記長。
2020年より国会議員秘書、現在に至る。

組合役員に知ってほしい政治の話

2021年5月20日発行

著　者　森田 亜希人

発行所　公益財団法人富士社会教育センター

〒101-0024
東京都千代田区神田和泉町1-12-15 O・Sビル3階
電話 03-5835-3335　FAX03-5835-3336

印　刷　株式会社丸井工文社

ISBN978-4-938296-76-6